[Wissen für die Praxis]

W0088974

Weiterführend empfehlen wir:

Ihre Rechte gegenüber Ärzten, Kliniken, Apotheken und Krankenkassen
ISBN 978-3-8029-7551-6

Plötzlich schwer krank und arbeitsunfähig
ISBN 978-3-8029-7537-0

Patientenverfügung und andere Vorsorgemöglichkeiten
ISBN 978-3-8029-4056-9

SGB V – Gesetzliche Krankenversicherung
ISBN 978-3-8029-7310-9

Wir freuen uns über Ihr Interesse an diesem Buch. Gerne stellen wir Ihnen zusätzliche Informationen zu diesem Programmsegment zur Verfügung.

Bitte sprechen Sie uns an:

E-Mail: WALHALLA@WALHALLA.de
http://www.WALHALLA.de

Walhalla Fachverlag · Haus an der Eisernen Brücke · 93042 Regensburg
Telefon 0941 5684-0 · Telefax 0941 5684-111

Horst Marburger

Kassenleistungen

voll ausschöpfen

Beste Versorgung für alle – nicht nur
im Notfall

9., aktualisierte Auflage

WALHALLA Rechtshilfen

Bibliografische Information der Deutschen Nationalbibliothek
Die Deutsche Nationalbibliothek verzeichnet diese Publikation in der Deutschen
Nationalbibliografie; detaillierte bibliografische Daten sind im Internet über
http://dnb.dnb.de abrufbar.

Zitiervorschlag:
Horst Marburger, Kassenleistungen voll ausschöpfen
Walhalla Fachverlag, Regensburg 2016

9., aktualisierte Auflage

© Walhalla u. Praetoria Verlag GmbH & Co. KG, Regensburg
Alle Rechte, insbesondere das Recht der Vervielfältigung und Verbreitung
sowie der Übersetzung, vorbehalten. Kein Teil des Werkes darf in
irgendeiner Form (durch Fotokopie, Datentransfer oder ein anderes
Verfahren) ohne schriftliche Genehmigung des Verlages reproduziert oder
unter Verwendung elektronischer Systeme gespeichert, verarbeitet,
vervielfältigt oder verbreitet werden.
Produktion: Walhalla Fachverlag, 93042 Regensburg
Printed in Germany
ISBN 978-3-8029-4069-9

Schnellübersicht

1

2

3

4

5

6

7

8

9

Anspruch auf Kassenleistungen durchsetzen

In den letzten Jahren wird das einst von Bismarck geschaffene System der gesetzlichen Krankenversicherung stark kritisiert – zunehmend im Zusammenhang mit dem deutschen Gesundheitswesen.

Der ursprüngliche Gedanke bei der Schaffung des Krankenversicherungssystems war, vor allem Arbeiter für den Fall der Krankheit zu versichern. Dieser Gedanke ist im Laufe der Zeit weiter ausgebaut worden. Schließlich kamen Leistungen bei Schwanger- und Mutterschaft, aber auch Vorbeugungs- und Präventionsmaßnahmen dazu. Die Krankenversicherung erbringt in bestimmten Fällen sogar Rehabilitationsleistungen.

Das alles kostet natürlich Geld. Im Gegensatz zur gesetzlichen Rentenversicherung, wo Zuschüsse des Staates vorgeschrieben sind, muss die gesetzliche Krankenversicherung allein von Beiträgen der Versicherten und Arbeitgeber finanziert werden. Es blieb nicht aus, dass Leistungskürzungen vorgenommen und eine Eigenbeteiligung der Versicherten eingeführt werden mussten.

Trotz all dieser Maßnahmen ist die deutsche Krankenversicherung eine Institution mit einem großen und hervorragenden Leistungskatalog. Das GKV-Wettbewerbsstärkungsgesetz hat zahlreiche Änderungen in Zusammenhang mit den Leistungen der gesetzlichen Krankenversicherung gebracht. Teilweise wurden sogar Leistungsausweitungen vorgenommen. Zugleich wude ein bundeseinheitlicher Beitragssatz in der gesetzlichen Krankenkasse eingeführt, der die Leistungsansprüche aber nicht beeinflusst. Auch das GKV-Finanzstruktur- und Qualitäts-Weiterentwicklungsgesetz (GKVFQWG) vom 21.07.2014 hatte erhebliche Änderungen im Beitragsrecht der gesetzlichen Krankenversicherung zur Folge, brachte aber auch einige Änderungen bezüglich der Qualitätssicherung und Transparenz im Gesundheitswesen mit sich. Das Gesetz ist am 01.01.2015 in Kraft getreten und verbessert die Leistungen für Krankenkassenversicherte erheblich.

Mit Wirkung ab 23.07.2015 hat das Gesetz zur Stärkung der Versorgung in der gesetzlichen Krankenversicherung (GKV-Versorgungsstärkungsgesetz – GKV-VSG) vom 16.07.2015 weitere Leistungsverbesserungen gebracht. Insbesondere kann nun vor

Operationen und anderen Eingriffen eine ärztliche Zweitmeinung eingeholt werden. Zudem sollen künftig die Wartezeiten verkürzt werden, die bisher eintraten, wenn Versicherte zu Fachärzten verwiesen wurden.

Auch das Gesetz zur Stärkung der Gesundheitsförderung und der Prävention (Präventionsgesetz – PrävG) vom 17.07.2015 (im Wesentlichen ab 25.07.2015 in Kraft) hat den Leistungsanspruch der Versicherten verbessert. Hier geht es in erster Linie um Primäre Prävention und Gesundheitsförderung am Arbeitsplatz, in der Schule und im Kindergarten. Es wurden im Übrigen unter anderem eine Nationale Präventionsstrategie und eine Nationale Präventionskonferenz eingeführt.

Art. 11 des Asylverfahrensbeschleunigungsgesetzes hat § 264 SGB V (Auftragsleistungen) geändert bzw. ergänzt. Danach sind seit 24.10.2015 die Krankenkassen für die Leistungsgewährung an Flüchtlinge zuständig, wenn sie von den zuständigen Landesbehörden dazu aufgefordert werden.

Seit 08.12.2015 gelten durch das Gesetz zur Verbesserung der Hospiz- und Palliativversorgung in Deutschland (Hospiz- und Palliativgesetz – HPG) vom 01.12.2015 verbesserte Leistungen, insbesondere im Bereich der Palliativ- und Hospizversorgung.

Das Gesetz zur Reform der Strukturen der Krankenhausversorgungs (Krankenhausstrukturgesetz – KHSG) vom 10.12.2015 hat mit Wirkung zum 18.12.2015 ebenfalls zu optimierten Leistungen geführt. Weitere Verbesserungen, insbesondere durch die Einführung des Anspruchs für versicherte Patienten auf einen Medikationsplan (ab 01.10.2016), brachte das Gesetz für sichere digitale Kommunikation und Anwendungen im Gesundheitswesen sowie zur Änderung weiterer Gesetze vom 21.12.2015.

Trotz all dieser Maßnahmen ist es für den Versicherten oft schwer zu erkennen, auf welche Leistungen er Anspruch hat und wie er zu diesen gelangt. Das vorliegende Buch will hier helfen und Anleitungen geben, Leistungen richtig zu beantragen.

Horst Marburger

Abkürzungen

Abs.	Absatz
AOK	Allgemeine Ortskrankenkasse
BGB	Bürgerliches Gesetzbuch
BEG	Bundesentschädigungsgesetz
BSG	Bundessozialgericht
BVG	Bundesversorgungsgesetz
eGK	Elektronische Gesundheitskarte
EHIC	European Health Insurance Card
GdB	Grad der Behinderung
GKV	Gesetzliche Krankenversicherung
GKV-VSG	GKV-Versorgungsstärkungsgesetz
GKV-WSG	GKV-Wettbewerbsstärkungsgesetz
HPG	Hospiz- und Palliativgesetz
IGeL	Individuelle Gesundheitsleistungen
KHSG	Krankenhausstrukturgesetz
LPartG	Lebenspartnerschaftsgesetz
MdE	Minderung der Erwerbsfähigkeit
MDK	Medizinischer Dienst der Krankenkassen
MeMBV	Medizinproduktemethodenbewertungsverordnung
PrävG	Präventionsgesetz
SGB I	Sozialgesetzbuch – Erstes Buch (Allgemeiner Teil)
SGB II	Sozialgesetzbuch – Zweites Buch (Grundsicherung für Arbeitsuchende)
SGB III	Sozialgesetzbuch – Drittes Buch (Arbeitsförderung)
SGB V	Sozialgesetzbuch – Fünftes Buch (Gesetzliche Krankenversicherung)
SGB IX	Sozialgesetzbuch – Neuntes Buch (Rehabilitation und Teilhabe behinderter Menschen)
SGB X	Sozialgesetzbuch – Zehntes Buch (Verwaltungsverfahren, Datenschutz)
SGB XI	Sozialgesetzbuch – Elftes Buch (Soziale Pflegeversicherung)
SGB XII	Sozialgesetzbuch – Zwölftes Buch (Sozialhilfe)
StGB	Strafgesetzbuch
VO	Verordnung

Gesundheitsförderung und Krankheitsverhütung

1

Überblick

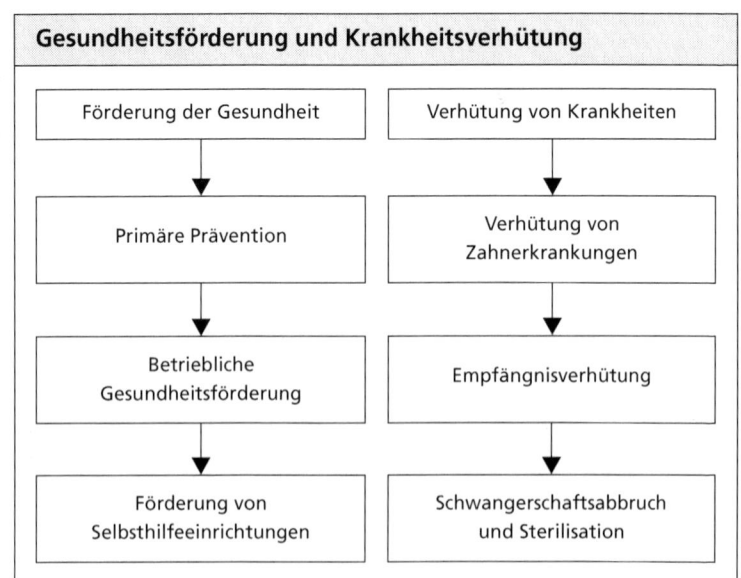

Prävention und Selbsthilfe

Gesetzliche Krankenkassen sehen in ihren Satzungen Leistungen zur primären Prävention vor. Diese Leistungen sollen insbesondere einen Beitrag zur Verminderung sozial- und geschlechtsbedingter Ungleichheit von Gesundheitschancen erbringen.

Die Spitzenverbände der Krankenkassen haben gemeinsam und einheitlich unter Einbeziehung unabhängigen Sachverstands prioritäre Handlungsfelder und Kriterien zu beschließen, insbesondere hinsichtlich Bedarf, Zielgruppen, Zugangswegen, Inhalt und Methodik.

Zur Umsetzung dieser Vorschriften haben die Spitzenverbände der Krankenkassen gemeinsame und einheitliche Handlungsfelder und Kriterien erlassen.

Als prioritäre Handlungsfelder sind insbesondere folgende Bereiche vorgesehen:

- Bewegungsgewohnheiten (z. B. Förderung der Herz-Kreislauf-Funktion)

- Ernährung (z. B. Vermeidung von Mangel- und Fehlernährung)

- Stressreduktion/Entspannung

- Genuss- und Suchtmittelkonsum

- Brustkrebs: Mortalität vermindern, Lebensqualität erhöhen

- depressive Erkrankungen: verhindern, früh erkennen, nachhaltig behandeln

1

Die Leistungen zur Gesundheitsförderung und Prävention werden auch in „Lebenswelten" erbracht. Lebenswelten in diesem Sinne sind für die Gesundheit bedeutsame, abgrenzbare soziale Systeme insbesondere des Wohnen, des Lernens, des Studierens, der medizinischen und pflegerischen Versorgung sowie der Freizeitgestaltung einschließlich des Sports. Die Krankenkassen fördern hier den Aufbau und die Stärkung gesundheitsfördernder Strukturen.

Bei der Wahrnehmung dieser Aufgaben sollen die Krankenkassen zusammenarbeiten und kassenübergreifende Leistungen zur Gesundheitsförderung und Prävention in Lebenswelten anbieten.

Erbringen die Krankenkassen Leistungen für Personen, deren berufliche Eingliederung auf Grund gesundheitlicher Einschränkungen besonders erschwert ist, arbeiten sie mit der Bundesagentur für Arbeit und mit den kommunalen Trägern der Grundsicherung für Arbeitsuchende (Hartz IV) eng zusammen.

Die Krankenkassen entwickeln im Interesse einer wirksamen und zielgerichteten Gesundheitsförderung und Prävention mit den Trägern der gesetzlichen Rentenversicherung, der gesetzlichen Unfallversicherung und den Pflegekassen eine gemeinsame nationale Präventionsstrategie und gewährleisten ihre Umsetzung und Fortschreibung. Dazu wurden beispielsweise bundeseinheitliche, trägerübergreifende Rahmenempfehlungen vereinbart.

Die Aufgabe der Entwicklung und Fortschreibung der nationalen Präventionsstrategie wird von der Nationalen Präventionskon-

1

ferenz als Arbeitsgemeinschaft der Spitzenorganisationen der vorstehend genannten Versicherungsträger wahrgenommen. Zur Umsetzung der nationalen Präventionsstrategie werden gemeinsame Rahmenvereinbarungen auf Landesebene abgeschlossen. Zudem hat die Nationale Präventionskonferenz am 19.02.2016 Bundesrahmenempfehlungen erlassen.

Die erwähnten Leistungsträger können in diesem Zusammenhang Modellvorhaben durchführen. Dadurch soll die Qualität und Effizienz der Versorgung mit Leistungen zur Gesundheitsförderung und Prävention in Lebenswelten und mit Leistungen zur betrieblichen Gesundheitsförderung (beachten Sie dazu bitte die noch folgenden Ausführungen) verbessert werden.

Praxis-Tipp:

Erkundigen Sie sich bei Ihrer Krankenkasse, welche Leistungen ihre Satzung bzw. sonstige Richtlinien vorsehen. Sie haben Anspruch auf einen kostenlosen Satzungsauszug über die Leistungen der Krankenkasse. In der Praxis geben die Kassen besondere Übersichten über ihre Präventionsmaßnahmen heraus, in denen die einzelnen Maßnahmen ausführlich beschrieben werden. Das gilt auch für Modellvorhaben. Zudem wird dargestellt, wo die Leistungen zu beantragen sind und in welcher Form dies zu geschehen hat.

Am besten wenden Sie sich an eine Abteilung mit etwa folgender Bezeichnung:

- Information und Gesundheit
- Beratung und Information
- Vorsorge und Früherkennung
- Prävention

Betriebliche Gesundheitsförderung

Die Krankenkassen fördern Leistungen zur Gesundheitsförderung in Betrieben (betriebliche Gesundheitsförderung), insbesondere den Aufbau und die Stärkung gesundheitsfördernder Strukturen.

Hierzu erheben sie, unter Beteiligung der Versicherten und der Verantwortlichen für den Betrieb, die gesundheitliche Situation einschließlich ihrer Risiken und Potenziale. Ferner entwickeln sie Vorschläge zur Verbesserung der gesundheitlichen Situation sowie zur Stärkung der gesundheitlichen Ressourcen und Fähigkeiten und unterstützen deren Umsetzung.

Die Krankenkassen arbeiten bei der Verhütung arbeitsbedingter Gesundheitsgefahren mit den Trägern der gesetzlichen Unfallversicherung (insbesondere den Berufsgenossenschaften) sowie mit den für den Arbeitsschutz zuständigen Landesbehörden zusammen. Sie unterrichten diese über die Erkenntnisse, die sie über Zusammenhänge zwischen Erkrankungen und Arbeitsbedingungen gewonnen haben. Außerdem erbringen sie in Abstimmung mit den Trägern der gesetzlichen Unfallversicherung Maßnahmen zur betrieblichen Gesundheitsförderung, die auf spezifische arbeitsbedingte Gesundheitsrisiken ausgerichtet sind.

Wichtig: Ist anzunehmen, dass bei einem Versicherten eine berufsbedingte gesundheitliche Gefährdung oder eine Berufskrankheit vorliegt, hat die Krankenkasse dies unverzüglich den für den Arbeitsschutz zuständigen Stellen und dem Unfallversicherungsträger mitzuteilen.

Seit 01.01.2016 bieten Krankenkassen Unternehmen unter Nutzung bestehender Strukturen in gemeinsamen regionalen Koordinierungsstellen Beratung und Unterstützung an. Die Beratung und Unterstützung umfasst insbesondere die Information über Leistungen zur Gesundheitsförderung in Betrieben und die Klärung, welche Krankenkasse im Einzelfall entsprechende Leistungen im Betrieb erbringt. Örtliche Unternehmensorganisationen sollen an der Beratung beteiligt werden.

Die Spitzenverbände der Kranken- und Unfallversicherungsträger haben eine Rahmenvereinbarung zur Zusammenarbeit bei der Verhütung arbeitsbedingter Gesundheitsgefahren abgeschlossen. Das Mitteilungsverfahren bei Berufskrankheiten ist in besonderen Vereinbarungen geregelt.

Förderung von Selbsthilfeeinrichtungen

Selbsthilfegruppen, Selbsthilfeorganisationen und Selbsthilfekontaktstellen, die sich die Prävention oder Rehabilitation von Versicherten zum Ziel gesetzt haben, können von Krankenkassen mit Zuschüssen gefördert werden. Die Zielsetzung muss sich allerdings auf eine der Krankheiten im Verzeichnis der Krankheitsbilder der Spitzenverbände der Krankenkassen beziehen (verabschiedet im Interesse einer einheitlichen Rechtsanwendung).

Seit 01.01.2008 beschließen die Spitzenverbände der Krankenkassen gemeinsam und einheitlich Grundsätze zu den Inhalten der Förderung der Selbsthilfe. Das gilt auch für die Verteilung der Fördermittel auf die verschiedenen Förderebenen und Förderbereiche.

Primäre Prävention durch Schutzimpfungen

Versicherte haben gegenüber ihrer Krankenkasse Anspruch auf Leistungen für Schutzimpfungen. Ausgenommen sind lediglich Schutzimpfungen, die wegen eines nicht berufsbedingten und nicht im Rahmen der Ausbildung vorgeschriebenen Auslandsaufenthalts erforderlich sind. Allerdings sind durch die Krankenkassen auch solche Schutzimpfungen zu übernehmen, wenn dies zum Schutz der öffentlichen Gesundheit vor Einschleppung einer übertragbaren Krankheit erforderlich ist.

Einzelheiten zu Voraussetzungen, Art und Umfang der vorstehend angesprochenen Leistungen bestimmt der Gemeinsame Bundesausschuss in Richtlinien.

Die Krankenkasse kann in ihrer Satzung weitere Schutzimpfungen vorsehen, die in diesen Richtlinien nicht enthalten sind.

Praxis-Tipp:
Erkundigen Sie sich rechtzeitig bei Ihrer Krankenkasse, welche Schutzimpfungen im Einzelnen übernommen werden.

Zum Anspruchsnachweis genügt beim Arzt die Vorlage der Gesundheitskarte (vgl. Ausführungen ab Seite 50).

Verhütung von Zahnerkrankungen

Die Leistungen der Krankenkassen zu Verhütung von Zahnerkrankungen unterteilen sich in die Gruppen- sowie in die Individualprophylaxe.

1

Gruppenprophylaxe

Die Krankenkassen haben im Zusammenwirken mit den Zahnärzten und den für die Zahngesundheitspflege in den Ländern zuständigen Stellen unbeschadet der Aufgaben anderer gemeinsam und einheitlich Maßnahmen zur Erkennung und Verhütung von Zahnerkrankungen zu fördern, insbesondere von Versicherten, die das 12. Lebensjahr noch nicht vollendet haben.

Wichtig: Die Krankenkassen haben auf flächendeckende Maßnahmen hinzuwirken.

In Schulen und Behinderteneinrichtungen, in denen das durchschnittliche Kariesrisiko der Schüler überproportional hoch ist, werden die Maßnahmen bis zum 16. Lebensjahr durchgeführt. Die Maßnahmen sollen vorrangig in Gruppen, insbesondere in Kindergärten und Schulen, durchgeführt werden.

Sie sollen sich in erster Linie auf die folgenden Bereiche erstrecken:

- Untersuchung der Mundhöhle

- Erhebung des Zahnstatus

- Zahnschmelzhärtung

- Ernährungsberatung

- Mundhygiene

Für Kinder mit besonders hohem Kariesrisiko sind spezifische Programme zu entwickeln. Die Maßnahmen sollen wegen der besonderen pädagogischen Wirksamkeit vorrangig in Gruppen durchgeführt werden. Für Kinder, die keinen Kindergarten besuchen oder besonders stark kariesgefährdet sind, sind ebenfalls geeignete Maßnahmen zur Verhütung von Zahnerkrankungen vorzusehen.

Individualprophylaxe

Versicherte, die das 6., aber noch nicht das 18. Lebensjahr vollendet haben, können sich zur Verhütung von Zahnerkrankungen einmal in jedem Kalenderhalbjahr zahnärztlich untersuchen lassen.

Versicherte, die das 6., aber noch nicht das 18. Lebensjahr vollendet haben, haben Anspruch auf Fissurenversiegelung (Fissuren = Spalten) der Molaren (Mahlzähne). Das gilt nicht für die Milchzähne. Diese Maßnahmen können außerhalb der einmal in jedem Kalenderhalbjahr vorgesehenen zahnärztlichen Untersuchungen zur Verhütung von Zahnerkrankungen in Anspruch genommen werden.

Wichtig: Die Fissurenversiegelung dient der Kariesvorbeugung.

Die regelmäßige Inanspruchnahme der Individualprophylaxe wirkt sich auf die Höhe des Zuschusses zum Zahnersatz aus.

Praxis-Tipp:
Beachten Sie zum Anspruch auf Zahnersatz die Ausführungen ab Seite 63. Lassen Sie sich die Durchführung zahnärztlicher Untersuchungen und Behandlungen vom Zahnarzt bescheinigen. Die Zahnärzte und die Krankenkassen geben sogenannte Bonushefte (kostenlos) heraus, die für diesen Zweck benutzt werden können.

Die Untersuchungen im Rahmen der Individualprophylaxe sollen sich auf folgende Bereiche erstrecken:

- Befund des Zahnfleischs
- Aufklärung über Krankheitsursachen und ihre Vermeidung
- Erstellen von diagnostischen Vergleichen zur Mundhygiene
- Zustand des Zahnfleischs zur Anfälligkeit für Karieserkrankungen
- Motivation und Einweisung bei der Mundpflege
- Maßnahmen zur Schmelzhärtung der Zähne

Da in Zusammenhang mit dem Anspruch auf Zahnersatz zahnärztliche Untersuchungen auch von Personen verlangt werden, die das 18. Lebensjahr bereits vollendet haben, besteht auch hierauf ein Anspruch. Diese Auffassung haben die Spitzenverbände der Krankenkassen in ihrem gemeinsamen Rundschreiben vom 21.12.1999 vertreten. Der Anspruch besteht allerdings nur auf die Untersuchungen, die zur Erlangung des Zahnersatz-Bonus erforderlich sind.

1

Der Gemeinsame Bundesausschuss hat Richtlinien über Maßnahmen zur Verhütung von Zahnerkrankungen (Individualprophylaxe) erlassen.

Wichtig: In diesen Richtlinien wird unter anderem ausgeführt, dass die Individualprophylaxe mit der Erstellung des Mundhygienestatus beginnt, dem die eingehende Untersuchung auf Zahn-, Mund- und Kieferkrankheiten vorangegangen sein soll.

Erforderlichenfalls folgt die Motivationsphase. Eine ggf. notwendige Intensivmotivation mit der Aufklärung über Krankheitsursachen und ggf. Remotivationen sollen zeitnah möglichst innerhalb von vier Monaten abgeschlossen sein.

Verhütung von Zahnerkrankungen bei Pflegebedürftigen und Menschen mit Behinderungen

Versicherte, die einer Pflegestufe zugeordnet sind oder Eingliederungshilfe der Sozialhilfe erhalten, haben Anspruch auf Leistungen zur Verhütung von Zahnerkrankungen. Das gilt für Menschen, die dauerhaft erheblich in ihrer Alltagskompetenz eingeschränkt sind.

Die Leistungen umfassen insbesondere:

- Erhebung eines Mundgesundheitsstatus

- Aufklärung über die Bedeutung der Mundhygiene und über Maßnahmen zu deren Erhaltung

- Erstellung eines Plans zur individuellen Mund- bzw. Prothesenpflege

- Entfernung harter Zahnbeläge

Pflegepersonen des Versicherten sollen in Aufklärung und Planerstellung miteinbezogen werden. Näheres regelt der Gemeinsame Bundesausschuss in Richtlinien.

1 Medizinische Vorsorgeleistungen

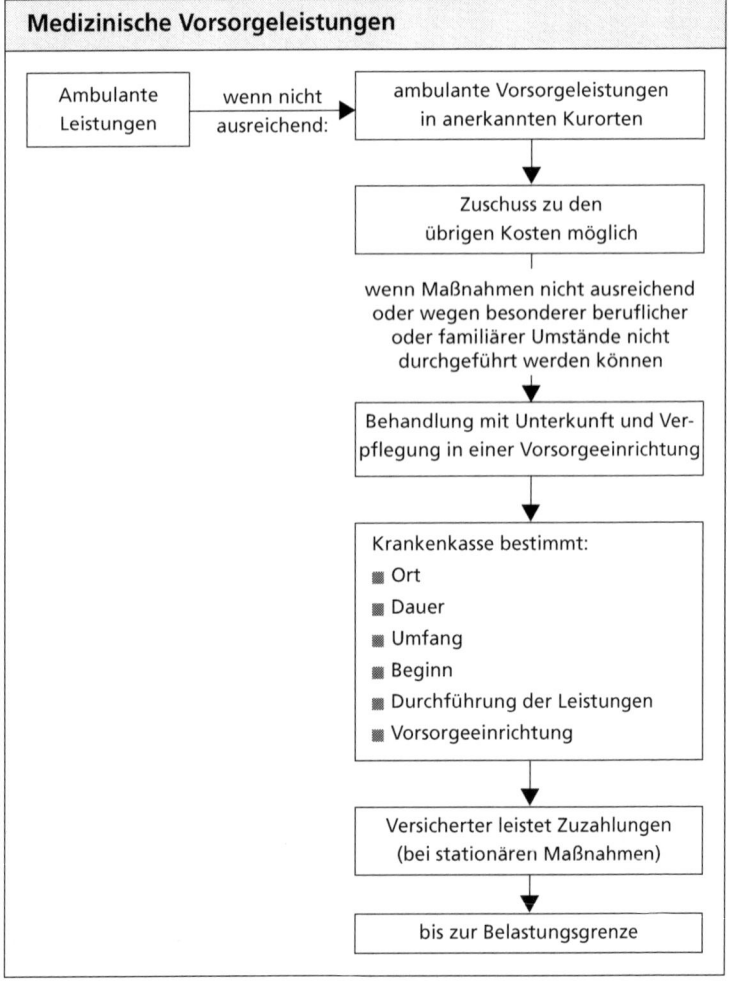

Medizinische Vorsorgeleistungen

| Ambulante Leistungen | wenn nicht ausreichend: | ambulante Vorsorgeleistungen in anerkannten Kurorten |

Zuschuss zu den übrigen Kosten möglich

wenn Maßnahmen nicht ausreichend oder wegen besonderer beruflicher oder familiärer Umstände nicht durchgeführt werden können

Behandlung mit Unterkunft und Verpflegung in einer Vorsorgeeinrichtung

Krankenkasse bestimmt:
- Ort
- Dauer
- Umfang
- Beginn
- Durchführung der Leistungen
- Vorsorgeeinrichtung

Versicherter leistet Zuzahlungen (bei stationären Maßnahmen)

bis zur Belastungsgrenze

Ambulante Leistungen

Versicherte haben Anspruch auf:

- ärztliche Behandlung
- Versorgung mit Arznei-, Verband-, Heil- und Hilfsmittel, wenn diese notwendig sind um

  - eine Schwächung der Gesundheit, die in absehbarer Zeit voraussichtlich zu einer Krankheit führen würde, zu beseitigen,

  - einer Gefährdung der gesundheitlichen Entwicklung eines Kindes entgegenzuwirken,

  - Krankheiten zu verhüten oder deren Verschlimmerung zu vermeiden oder

  - Pflegebedürftigkeit zu vermeiden.

Medizinische Vorsorgeleistungen stellen sich wie folgt dar:

Ambulante Vorsorgeleistung in Kurorten

Reichen bei Versicherten die Leistungen nicht aus, kann die Krankenkasse aus medizinischen Gründen erforderliche ambulante Vorsorgeleistungen in anerkannten Kurorten erbringen. Es handelt sich hier um Maßnahmen zur Krankheitsverhütung, die sich insbesondere ortsgebundener Mittel (z. B. Heilwässer zum Trinken und für Bäder, geologische oder klimatische Besonderheiten) bedienen.

Wichtig: Die Leistung ist eine Komplexleistung, die ihre Wirkung erst durch das Zusammenspiel von medizinischen Maßnahmen (Heilmittelanwendungen) mit aus medizinischen Gründen erforderlichen weiteren Maßnahmen entfaltet.

Dazu zählen:

- Ernährungsberatung
- gruppen- oder einzeltherapeutische Maßnahmen
- Hilfen zur Entwöhnung von Genussmitteln

Diese Leistungen sind im Rahmen der ambulanten Vorsorgeleistungen zur Verfügung zu stellen.

Wichtig: Die Satzung der Krankenkasse kann zu den übrigen Kosten, die Versicherten in Zusammenhang mit dieser Leistung entstehen, einen Zuschuss von bis zu 16 Euro täglich vorsehen.

Zu den übrigen Kosten, zu deren Finanzierung der Zuschuss beitragen soll, zählen insbesondere Unterkunft, Verpflegung, Kosten der An- und Abreise (Fahrtkosten) und Kurtaxe.

Bei ambulanten Vorsorgeleistungen für versicherte chronisch kranke Kinder kann der Zuschuss auf bis zu 25 Euro täglich erhöht werden.

Praxis-Tipp:

Sowohl in Zusammenhang mit der Leistungsgewährung im Rahmen ambulanter Behandlung als auch im Rahmen der ambulanten Vorsorgekuren sind die Vorschriften über Arznei- und Verbandmittel, Heilmittel, Hilfsmittel sowie über ausgeschlossene Arznei-, Heil- und Hilfsmittel zu beachten (vgl. Kapitel 3). Anzuwenden sind ferner insbesondere die Regelungen über die Eigenbeteiligungen bei Arznei- und Verbandmitteln sowie für Heilmittel. Zu beachten ist aber unbedingt, dass bei Überschreiten der Belastungsgrenze die Eigenanteile nicht zu entrichten sind.

Reichen bei Versicherten die ambulanten Leistungen sowie die ambulanten Vorsorgeleistungen nicht aus, kann die Krankenkasse Behandlung mit Unterkunft und Verpflegung in einer Vorsorgeeinrichtung erbringen, mit der sie einen Versorgungsvertrag abgeschlossen hat.

Stationäre Vorsorgeleistungen

Die stationären Vorsorgemaßnahmen können im Übrigen auch in einer Eigeneinrichtung der Krankenkasse durchgeführt werden.

Wie aus dem Schaubild zu diesem Stichwort ersichtlich, bestimmt die Krankenkasse nach den medizinischen Erfordernissen des Einzelfalls Art, Dauer, Umfang, Beginn und Durchführung der stationären Vorsorgemaßnahmen sowie die Vorsorgeeinrichtung nach pflichtgemäßem Ermessen.

Die ambulanten Vorsorgeleistungen und die stationären Vorsorgemaßnahmen sollen für längstens drei Wochen erbracht werden.

Achtung: Eine Verlängerung ist im Einzelfall möglich, wenn sie aus gesundheitlichen Gründen dringend erforderlich ist.

Die vorstehende Begrenzung gilt nicht, soweit der Spitzenverband Bund der Krankenkassen gemeinsam und einheitlich nach Anhörung der für die Wahrnehmung der Interessen der ambulanten und stationären Vorsorgeeinrichtungen auf Bundesebene maßgeblichen Spitzenorganisationen in Leitlinien Indikationen festgelegt und diesen jeweils eine Regeldauer zugeordnet haben. Von dieser Regeldauer kann nur abgewichen werden, wenn dies aus dringenden medizinischen Gründen im Einzelfall erforderlich ist.

Medizinisch notwendige stationäre Vorsorgemaßnahmen für versicherte Kinder, die das 14. Lebensjahr noch nicht vollendet haben, sollen in der Regel für vier bis sechs Wochen erbracht werden.

Vier-Jahres-Frist

Die stationären Vorsorgemaßnahmen dürfen – so wird es in § 23 Abs. 5 SGB V ausdrücklich vorgeschrieben – nicht vor Ablauf von vier Jahren nach Durchführung solcher oder ähnlicher Leistungen erbracht werden, deren Kosten aufgrund öffentlich-rechtlicher Vorschriften getragen oder bezuschusst worden sind. Bei ambulanten Vorsorgeleistungen ist eine erneute Gewährung bereits nach drei Jahren möglich.

Wichtig: Die genannten Fristen müssen nicht eingehalten werden, wenn eine vorzeitige Leistung aus gesundheitlichen Gründen dringend erforderlich ist.

Praxis-Tipp:

Wurde Ihnen eine entsprechende Leistung in den letzten vier Jahren gewährt, lassen Sie sich ggf. ärztlich bescheinigen, dass aus dringenden medizinischen Gründen eine weitere Maßnahme vor Ablauf der Vier-Jahres-Frist erforderlich ist. Natürlich kommt es hier auf die ärztliche Begründung an. Achten Sie auf eine entsprechende und möglichst ausführliche Begründung.

Die Krankenkasse wird die Angelegenheit dem Medizinischen Dienst der Krankenkassen (MDK) vorlegen, der eine entsprechende Prüfung durchführt. Ist die Entscheidung des MDK negativ, wird die Krankenkasse Ihren Antrag ablehnen.

1 Gegen diese Ablehnung können Sie Widerspruch erheben und eventuell im Klageweg vorgehen. Die Erhebung des Widerspruchs bzw. der Klage sollte allerdings nur dann erfolgen, wenn die Angelegenheit Aussicht auf Erfolg hat. Auch hier wird Sie Ihr Arzt entsprechend beraten können.

Wichtig: Bei einer (z. B. mündlichen) Ablehnung der Krankenkasse sollten Sie immer einen widerspruchsfähigen Bescheid verlangen, wenn Sie gegen die Ablehnung vorgehen wollen. In diesem Bescheid werden Sie darüber informiert, wo und in welcher Frist der Widerspruch einzulegen ist.

Bei der Prüfung der Frage, ob zwischen den einzelnen Maßnahmen eine Zeit von vier Jahren liegt, sind nicht nur Maßnahmen Ihrer Krankenkasse zu berücksichtigen. Vielmehr zählen auch Gesundheitsmaßnahmen der Rentenversicherungsträger, Maßnahmen im Rahmen der vorbeugenden Gesundheitshilfe nach dem Sozialgesetzbuch – Zwölftes Buch (SGB XII) und Vorsorgemaßnahmen im Rahmen der Heilbehandlung und Krankenbehandlung nach dem Bundesversorgungsgesetz (BVG) dazu.

Vorsorgeleistungen für Mütter und Väter

Medizinische Vorsorgeleistungen für Mütter und Väter werden besonders vorgesehen (in § 24 SGB V). Danach hat die Krankenkasse unter den gleichen Voraussetzungen, wie sie oben für die übrigen medizinischen Vorsorgeleistungen beschrieben wurden, eine aus medizinischen Gründen erforderliche Vorsorgeleistung in einer Einrichtung des Müttergenesungswerks oder einer gleichartigen Einrichtung zu erbringen. Die Leistung kann in Form einer Mutter-Kind- bzw. Vater-Kind-Maßnahme erbracht werden.

Wichtig: Vorsorgeleistungen für Mütter und Väter werden nicht als Ermessens-, sondern als Pflichtleistungen gewährt, mit der Zielsetzung, eine Schwächung der Gesundheit, die in absehbarer Zeit voraussichtlich zu einer Krankheit führen würde, zu beseitigen.

Die Maßnahmen in Einrichtungen des Müttergenesungswerks beinhalten ein indikationsbezogenes Angebot an Kurmitteln, gesundheitspädagogischen Maßnahmen sowie Unterkunft und Verpflegung.

Bezüglich der Höchstdauer des Anspruchs und der sogenannten Drei- bzw. Vier-Jahres-Regelung gelten die obigen Ausführungen.

1

Zuzahlung durch den Versicherten

Bei stationären Vorsorgeleistungen sieht das Gesetz eine Zuzahlungspflicht der Versicherten vor.

Wichtig: Das gilt nur für Versicherte, die das 18. Lebensjahr vollendet haben. Zu zahlen ist je Kalendertag ein Betrag von 10 Euro. Die gleiche Zuzahlungspflicht besteht bei medizinischen Vorsorgeleistungen für Mütter und Väter, wenn die Kosten der medizinischen Vorsorgeleistungen voll von der Krankenkasse übernommen werden.

Empfängnisverhütung

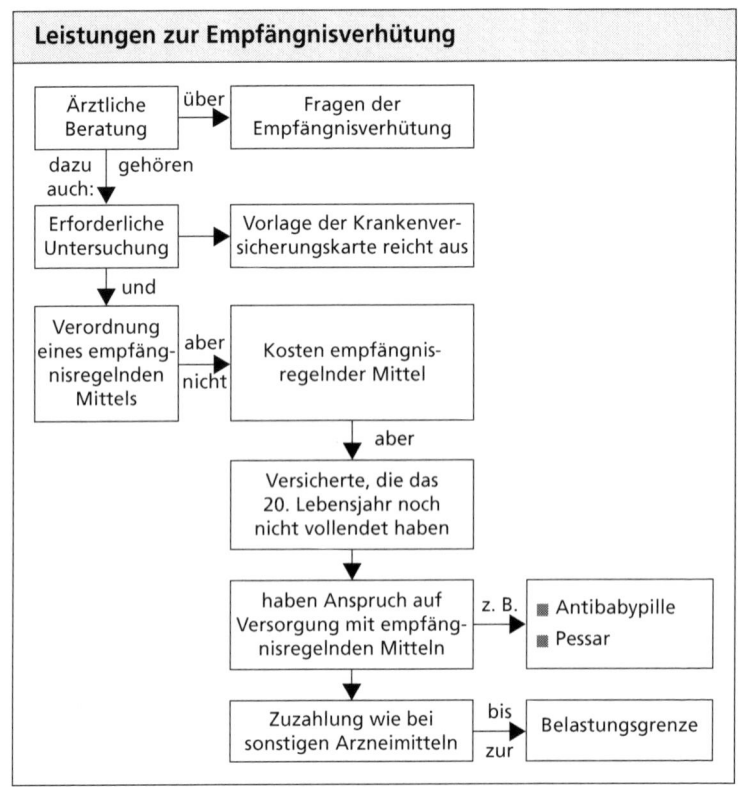

1

Leistungen zur Empfängnisverhütung

Ärztliche Beratung — über → Fragen der Empfängnisverhütung

dazu gehören auch: ↓

Erforderliche Untersuchung → Vorlage der Krankenversicherungskarte reicht aus

↓ und

Verordnung eines empfängnisregelnden Mittels — aber nicht → Kosten empfängnisregelnder Mittel

↓ aber

Versicherte, die das 20. Lebensjahr noch nicht vollendet haben

↓

haben Anspruch auf Versorgung mit empfängnisregelnden Mitteln — z. B. → ◾ Antibabypille ◾ Pessar

↓

Zuzahlung wie bei sonstigen Arzneimitteln — bis zur → Belastungsgrenze

Ärztliche Beratung

Das SGB V sieht in dem Abschnitt „Leistungen zur Verhütung von Krankheiten", auch Leistungen zur Empfängnisverhütung vor. Versicherte haben danach Anspruch auf ärztliche Beratung über Fragen der Empfängnisregelung. Zur ärztlichen Beratung gehören auch die erforderliche Untersuchung und die Verordnung von empfängnisregelnden Mitteln.

Wichtig: Diese Leistungen kommen nicht nur in Betracht, wenn eine Krankheit den Grund für die Inanspruchnahme bildet, sondern auch, wenn aus anderen Motiven eine Beratung über Fragen der Empfängnisregelung vorgenommen wird. Auf diese Leistungen haben sowohl weibliche, wie auch männliche Versicherte Anspruch.

Findet eine gemeinsame Beratung der Partner statt, von denen einer nicht versichert ist, können Leistungen nur für den versicherten Partner erbracht werden.

Die ärztliche Beratung kann zum Ziel haben:

- Empfängnisverhütung
- Herbeiführung einer Schwangerschaft

Sie kann sich beispielsweise darauf beziehen, ob die Schwangerschaft möglicherweise eine Gefährdung für Mutter oder Kind bedeutet (z. B. humangenetische Untersuchungen).

Ergibt sich aus der Beratung der begründete Verdacht auf ein genetisches Risiko, soll der Arzt eine humangenetische Beratung empfehlen. Die vom Humangenetiker durchgeführte Beratung oder Begutachtung, ggf. einschließlich körperlicher Untersuchung und Chromosomenanalyse, zählt zu den Leistungen der gesetzlichen Krankenversicherung.

Wichtig: Die Beratung soll sich auch auf die Risiken einer Röteln-Infektion in einer späteren Schwangerschaft erstrecken. Ergibt sich in dem Beratungsgespräch, dass die Immunitätslage gegen Röteln ungeklärt ist, soll eine Antikörper-Bestimmung (Röteln HAH-Test) durchgeführt werden. Das Ergebnis ist in einer besonderen Bescheinigung zu dokumentieren oder im Impfbuch einzutragen.

Empfängnisregelnde Mittel

Wie bereits erwähnt, gehört die Verordnung von empfängnisregelnden Mitteln zu den Leistungen der Krankenkassen. Dem Grundsatz nach gilt dies aber nicht für die Übernahme der Kosten der empfängnisregelnden Mittel.

Nicht übernommen werden die ärztlichen Leistungen, die im Zusammenhang mit der Verwendung dieser Mittel erforderlich werden (z. B. für das Einsetzen oder das Wechseln eines Pessars).

1

Praxis-Tipp:

Im Rahmen der Sozialhilfe werden Leistungen zur Familienplanung gewährt. Hier werden unter anderem auch die Kosten der ärztlich verordneten empfängnisregelnden Mittel übernommen.

In den entsprechenden Richtlinien des Gemeinsamen Bundesausschusses wird festgestellt, dass, soweit Maßnahmen zur Ermöglichung einer Schwangerschaft als Bestandteil einer Krankenbehandlung ausgeführt werden oder im Rahmen einer Krankenbehandlung die Verhütung einer Schwangerschaft medizinisch indiziert ist, ausschließlich die Bestimmungen über die Gewährung von Krankenbehandlung Anwendung finden. Beachten Sie dazu Kapitel 3. Beispielsweise können die Voraussetzungen bei dekompensiertem Herzfehler, Diabetes, Carcinom, bei bestimmten Formen von Nierenerkrankungen oder bei akut behandlungsbedürftiger Tuberkulose gegeben sein.

Die nach vorausgegangener Verordnung empfängnisregelnder Mittel notwendigen Kontrolluntersuchungen während der Dauer der Anwendung richten sich hinsichtlich Art und Umfang unter dem Gesichtspunkt der Wirtschaftlichkeit nach den einzelnen Methoden.

Die Untersuchungen vor bzw. nach der Verordnung eines empfängnisregelnden Mittels entfallen, falls im Laufe der letzten sechs Monate ggf. auch aus anderem Anlass derartige Untersuchungen (z. B. in der kurativen Medizin oder bei einer Krebsfrüherkennungsuntersuchung) ausgeführt worden sind und das Ergebnis eine Wiederholung entbehrlich macht.

Die Verordnung von Arzneimitteln als empfängnisregelnde Mittel soll nach den Ausführungen in den Richtlinien des Gemeinsamen Bundesausschusses zur Empfängnisregelung und zum Schwangerschaftsabbruch für einen Zeitraum von sechs Monaten erfolgen.

Wichtig: Versicherte bis zum vollendeten 20. Lebensjahr haben Anspruch auf Versorgung mit empfängnisverhütenden Mitteln, soweit sie ärztlich verordnet werden. Damit werden im Wesentlichen die Frauen begünstigt, die aufgrund ihrer wirtschaftlichen Lage, insbesondere weil sie sich noch in der Ausbildung befinden, am wenigsten in der Lage sind, die Kosten für Empfängnisverhütungsmittel aufzubringen.

Zu den empfängnisverhütenden Mitteln gehören insbesondere die hormonellen Kontrazeptiva (Antibabypille). Es können aber auch mechanisch wirkende Mittel verordnet werden, deren Anpassung durch den Arzt erfolgt (Pessar). Das Einlegen eines Pessars in die Gebärmutter ist die einzige in Bezug auf Sicherheit der Pille gleichkommende Methode. Welches empfängnisverhütende Mittel der Arzt verordnet, muss er nach der erforderlichen Untersuchung in Abstimmung mit der Patientin entscheiden.

Kosten für Verhütungsmittel, für deren Abgabe eine ärztliche Verordnung nicht erforderlich ist (Kondome, Schaumtabletten, Cremes), können grundsätzlich nicht erstattet werden.

Wichtig: Es besteht keine Zuzahlungspflicht, wenn die Belastungsgrenze überschritten wird (vgl. Seite 114 ff.).

Schwangerschaftsabbruch und Sterilisation

Versicherte haben Anspruch auf Leistungen bei einer durch Krankheit erforderlichen Sterilisation und einem nicht rechtswidrigen Abbruch der Schwangerschaft durch einen Arzt.

Sterilisation

Kosten im Zusammenhang mit einer Sterilisation werden nur übernommen, wenn diese aufgrund einer Krankheit erforderlich ist. Ob der Eingriff ambulant oder stationär ausgeführt wird, richtet sich nach den individuellen Gegebenheiten.

Schwangerschaftsabbruch

Ein Schwangerschaftsabbruch ist nicht rechtswidrig, wenn die Schwangerschaft auf einer rechtswidrigen Tat beruht (Vergewaltigung, Nötigung). Gleiches gilt, wenn der Abbruch wegen des

Vorliegens von Gesundheitsgefahren für Mutter und/oder Kind erfolgt.

Anspruch besteht auf:

- ärztliche Beratung über die Erhaltung und den Abbruch der Schwangerschaft

- ärztliche Untersuchung und Begutachtung zur Feststellung der Voraussetzungen für einen nicht rechtswidrigen Schwangerschaftsabbruch

- ärztliche Behandlung (einschließlich Schwangerschaftsabbruch) sowie Versorgung mit Arznei-, Verband- und Heilmitteln

- Krankenhausbehandlung

- Krankengeld (Voraussetzung ist, dass Versicherte wegen eines nicht rechtswidrigen Abbruchs der Schwangerschaft durch einen Arzt arbeitsunfähig werden – beachten Sie zum Krankengeldanspruch Seite 139 ff.).

Wichtig: Auch dann, wenn ein rechtswidriger, aber nicht strafbarer Schwangerschaftsabbruch (§ 218a Abs. 1 StGB) vorliegt, bestehen bestimmte Leistungsansprüche gegen die Krankenkasse.

Versicherte haben hier Anspruch auf:

- ärztliche Beratung über die Erhaltung bzw. den Abbruch der Schwangerschaft

- ärztliche Behandlung mit Ausnahme der Vornahme des Abbruchs und der Nachbehandlung bei komplikationslosem Verlauf

- Versorgung mit Arznei-, Verband- und Heilmitteln

- Krankenhausbehandlung

Der Anspruch besteht nur, falls und soweit die Maßnahmen dazu dienen, die Gesundheit

- des Ungeborenen zu schützen, falls es nicht zum Abbruch kommt

- der Kinder aus weiteren Schwangerschaften zu schützen oder

- der Mutter zu schützen, insbesondere zu erwartenden Komplikationen aus dem Abbruch der Schwangerschaft vorzubeugen oder eingetretene Komplikationen zu beseitigen.

Die vom Anspruch auf Leistungen ausgenommene ärztliche Vornahme des Abbruchs umfasst:

- Anästhesie

- Operativer Eingriff oder die Gabe einer den Schwangerschaftsabbruch herbeiführenden Medikation

- Vaginale Behandlung einschließlich der Einbringung von Arzneimitteln in die Gebärmutter

- Injektion von Medikamenten

- Gabe eines wehenauslösenden Medikaments

- Assistenz durch einen anderen Arzt

- Körperliche Untersuchungen im Rahmen der unmittelbaren Operationsvorbereitung und der Überwachung im direkten Anschluss an die Operation

Mit diesen ärztlichen Leistungen im Zusammenhang stehende Sachkosten, insbesondere für Narkosemittel, Verbandmittel, Abdecktücher, Desinfektionsmittel, fallen ebenfalls nicht in die Leistungspflicht der Krankenkassen. Bei vollstationärer Vornahme des Abbruchs übernimmt die Krankenkasse nicht den allgemeinen Pflegesatz für den Tag, an dem der Abbruch vorgenommen wird.

Wichtig: Für Frauen, denen die Aufbringung der Mittel für den Abbruch einer Schwangerschaft nicht zuzumuten ist, gilt das Gesetz zur Hilfe für Frauen bei Schwangerschaftsabbrüchen in besonderen Fällen.

Dieses Gesetz enthält bestimmte Grenzwerte, das heißt, den betreffenden Frauen ist die Aufbringung der Mittel nicht zuzumuten, wenn ihre verfügbaren persönlichen Einkünfte in Geld oder Geldeswert eine bestimmte Höhe nicht übersteigen. Hier gelten in den alten und in den neuen Bundesländern jeweils verschiedene Werte, die im Übrigen jährlich dynamisiert werden.

Ohne Rücksicht auf Grenzwerte wird davon ausgegangen, dass die Mittel nicht aufbringbar sind, wenn

- die Frau laufende Hilfe zum Lebensunterhalt nach dem SGB XII oder dem SGB II bzw. Ausbildungsförderung erhält oder

- Kosten für die Unterbringung der Frau in einer Anstalt, einem Heim oder in einer gleichartigen Einrichtung von einem Träger der Sozialhilfe oder der Jugendhilfe getragen werden.

In diesem Gesetz wird im Übrigen bestimmt, dass die Leistungen auf Antrag von der Krankenkasse gewährt werden, bei der die Frau gesetzlich krankenversichert ist oder die sie wählt (Auftragsleistung).

Früherkennung von Krankheiten

2

Grundsätze

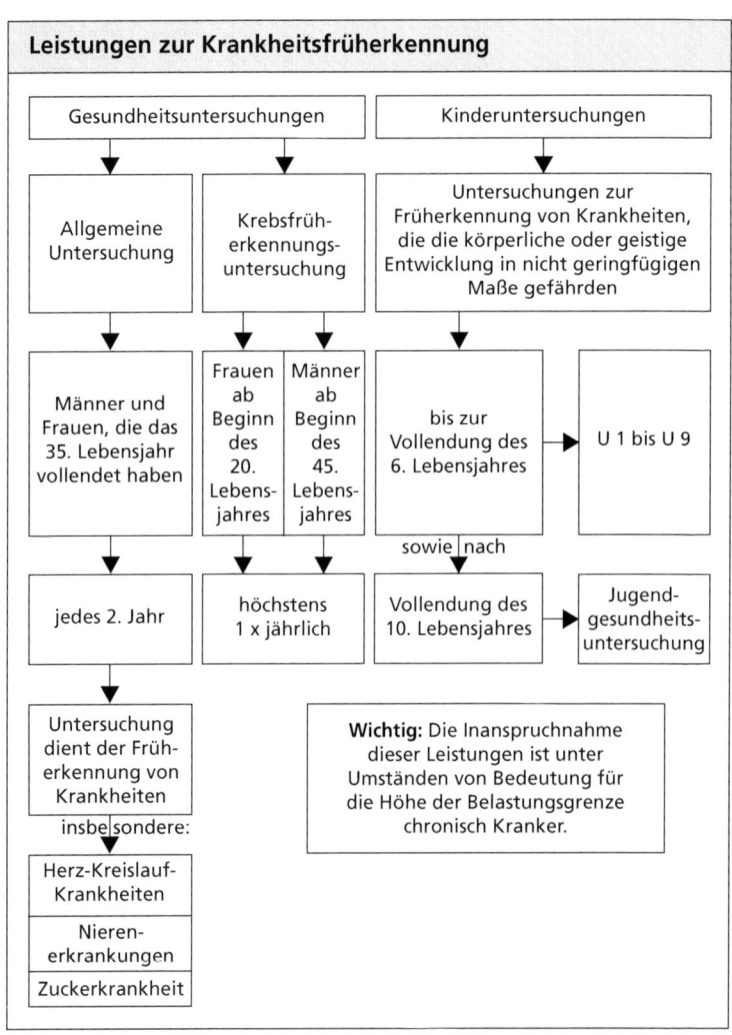

Leistungen zur Krankheitsfrüherkennung

Gesundheitsuntersuchungen	Kinderuntersuchungen

Allgemeine Untersuchung	Krebsfrüh-erkennungs-untersuchung	Untersuchungen zur Früherkennung von Krankheiten, die die körperliche oder geistige Entwicklung in nicht geringfügigen Maße gefährden

Männer und Frauen, die das 35. Lebensjahr vollendet haben	Frauen ab Beginn des 20. Lebens-jahres	Männer ab Beginn des 45. Lebens-jahres	bis zur Vollendung des 6. Lebensjahres → U 1 bis U 9

sowie nach

jedes 2. Jahr	höchstens 1 x jährlich	Vollendung des 10. Lebensjahres → Jugend-gesundheits-untersuchung

Untersuchung dient der Früh-erkennung von Krankheiten insbesondere:	**Wichtig:** Die Inanspruchnahme dieser Leistungen ist unter Umständen von Bedeutung für die Höhe der Belastungsgrenze chronisch Kranker.

Herz-Kreislauf-Krankheiten

Nieren-erkrankungen

Zuckerkrankheit

Für den Anspruchsnachweis genügt die elektronische Gesundheitskarte.

Gesundheitsuntersuchungen

Die Gesundheitsuntersuchungen werden in § 25 SGB V beschrieben. Es handelt sich dabei um Untersuchungen für Erwachsene.

Einzelheiten über diese Untersuchungen beinhalten die Richtlinien des Gemeinsamen Bundesausschusses über die Gesundheitsuntersuchung zur Früherkennung von Krankheiten (Gesundheitsuntersuchungs-Richtlinien). Hier heißt es unter anderem, dass Maßnahmen bei Frauen und Männern vom 36. Lebensjahr an zur Früherkennung vorgenommen werden können, wenn es sich um häufig auftretende Krankheiten handelt,

- die wirksam behandelt werden können,

- deren Vor- oder Frühstadium durch diagnostische Maßnahmen erfassbar ist,

- deren Krankheitszeichen medizinisch-technisch genügend eindeutig zu erfassen sind und

Voraussetzung ist auch, dass genügend Ärzte und Einrichtungen vorhanden sind, um die aufgefundenen Verdachtsfälle eindeutig zu qualifizieren und zu behandeln.

Krankheitsfrüherkennung

Die durchzuführenden ärztlichen Maßnahmen sollen sich insbesondere auf die Früherkennung von Herz-Kreislauf- und Nierenerkrankungen sowie des Diabetes mellitus erstrecken. Sie sollen zur Früherkennung der betreffenden Krankheiten die jeweils relevanten Risikofaktoren einbeziehen.

Die ärztlichen Maßnahmen sollen mögliche Gefahren für die Gesundheit der Anspruchsberechtigten dadurch abwenden, dass aufgefundene Verdachtsfälle eingehend diagnostiziert, erkannte Krankheiten rechtzeitig einer Behandlung zugeführt und eine Änderung gesundheitsschädigender Verhaltensweisen frühzeitig bewirkt werden.

Die durchzuführenden Maßnahmen unterteilen sich in:

- Anamnese, das heißt Erhebung der Eigen-, Familien- und Sozialanamnese, insbesondere Erfassung des Risikoprofils

- Klinische Untersuchung, das heißt Untersuchung zur Erhebung des vollständigen Status (Ganzkörperstatus)

- Laboratoriumsuntersuchungen, das heißt Untersuchungen aus dem Blut (einschließlich Blutentnahme) und Untersuchungen aus dem Urin: Gesamtcholesterin, Glukose, Eiweiß, Glukose, Erythrozyten, Leukozyten und Nitrit (Harnstreifentest)

- Beratung

- Folgerung aus den Ergebnissen der Gesundheitsuntersuchung

In Zusammenhang mit der Beratung schreiben die Richtlinien vor, dass der Arzt den Versicherten über das Ergebnis der durchgeführten Gesundheitsuntersuchung zu informieren und mit ihm die möglichen Auswirkungen im Hinblick auf die weitere Lebensgestaltung zu erörtern hat.

Dabei soll der Arzt insbesondere das individuelle Risikoprofil des Versicherten ansprechen und diesen auf Möglichkeiten und Hilfen zur Vermeidung zum Abbau gesundheitsschädigender Verhaltensweisen (z. B. auf entsprechende Gesundheitsförderangebote der Krankenkassen – vgl. Kapitel 1) hinweisen.

Der Versicherte soll ferner auf die Notwendigkeit einer regelmäßigen Inanspruchnahme der Krebsfrüherkennungsuntersuchung hingewiesen und entsprechend motiviert werden.

Wichtig: Versicherte, die das 40. Lebensjahr vollendet haben, sollen auf die Notwendigkeit einer möglichst alle zwei Jahre durchzuführenden Bestimmung des Augeninnendrucks hingewiesen werden.

Zur Schlussfolgerung aus den Ergebnissen der Gesundheitsuntersuchung werden ebenfalls Ausführungen in den Richtlinien gemacht. Ergeben – so heißt es hier – die Untersuchungen das Vorliegen oder den Verdacht auf das Vorliegen einer Krankheit, soll der Arzt dafür Sorge tragen, dass diese Fälle im Rahmen der Krankenbehandlung einer weitergehenden, gezielten Diagnostik und ggf. Therapie zugeführt werden.

Praxis-Tipp:

Wie bereits erwähnt, haben die Versicherten jedes zweite Jahr Anspruch auf eine ärztliche Gesundheitsuntersuchung. Eine erneute Gesundheitsuntersuchung ist daher jeweils erst nach Ablauf des auf die vorangegangene Gesundheitsuntersuchung folgenden Kalenderjahres möglich.

2

Krebsfrüherkennungsuntersuchungen

Als Gesundheitsuntersuchungen bezeichnet das Gesetz auch Krebsfrüherkennungsuntersuchungen. Danach haben Versicherte Anspruch auf folgende Maßnahmen:

- Frauen ab Beginn des 20. Lebensjahres einmal jährlich auf eine Untersuchung zur Früherkennung von Krebserkrankungen

- Männer ab Beginn des 45. Lebensjahres einmal jährlich auf eine Untersuchung zur Früherkennung von Krebserkrankungen

Die Untersuchungen sollen mögliche Gefahren für die Gesundheit der Anspruchsberechtigten dadurch abwenden, dass aufgefundene Verdachtsfälle eingehend diagnostiziert und erforderlichenfalls behandelt werden können.

Krebsfrüherkennung bei Frauen

Die Maßnahmen zur Früherkennung von Krebserkrankungen des Genitals, der Brust, der Haut, des Rektums und des übrigen Dickdarms bei Frauen umfassen nachfolgende Leistungen für klinische Untersuchungen ab Beginn des 20. Lebensjahres:

- Gezielte Anamnese

- Spiegeleinstellung der Portio

- Entnahme von Untersuchungsmaterial von der Portio-Oberfläche und aus dem Zervikalkanal

- Fixierung des Untersuchungsmaterials für die zytologische Untersuchung

Die zytologische Untersuchung dient der Früherkennung von Tumorerkrankungen. Hierbei werden Zellen aus ihrem Geweberverband (z. B. Harn, Speichel, Blut, Magensaft) entnommen und mikroskopisch untersucht. Abstriche des Gebärmuttermundes haben inzwischen eine besondere Bedeutung erlangt.

- Bimanuelle gynäkologische Untersuchung

2 Zusätzlich vom Beginn des 30. Lebensjahres an: Abtasten der Brustdrüsen und der regionären Lymphknoten einschließlich der Anleitung zur regelmäßigen Selbstuntersuchung, respektive der entsprechenden Hautregion

Ab dem 45. Lebensjahr ist zusätzlich eine Untersuchung des Rektums und des übrigen Dickdarms möglich.

Krebsfrüherkennung bei Männern

Die Maßnahmen zur Früherkennung von Krebserkrankungen des Dickdarms, der Prostata, des äußeren Genitals und der Haut beim Mann umfassen nachfolgende Leistungen für klinische Untersuchungen:

- Gezielte Anamnese
- Inspektion und Palapation des äußeren Genitales
- Digitale Untersuchung des Rektums und Abtasten der Prostata vom After aus
- Palpation regionärer Lymphknoten
- Befundmitteilung mit anschließend diesbezüglicher Beratung

Schnelltest auf occultes Blut im Stuhl wird sowohl bei Frauen als auch bei Männern mittels eines anerkannten Schnelltests durchgeführt.

Folgerung aus den Ergebnissen und Beratung der Untersuchten

Ergeben diese Untersuchungen das Vorliegen oder den Verdacht auf das Vorliegen einer Krankheit, hat der Arzt dafür Sorge zu tragen, dass im Rahmen der Krankenbehandlung (vgl. Kapitel 3) diese Fälle weiterer, insbesondere gezielter fachärztlicher Diagnostik, ggf. Therapie zugeführt werden. Die Untersuchungen und deren Ergebnisse werden auf einem mehrteiligen Berichts-vordruck aufgezeichnet.

Untersuchungen zur Früherkennung von Krebserkrankungen, für die von der Europäischen Kommission veröffentlichte Europäische Leitlinien zur Qualitätssicherung von Krebsfrüherkennung vorliegen, sollen als organisierte Krebsfrüherkennungsprogramme angeboten werden (§ 25a SGB V). In Zusammenhang mit der Früherkennung von Brustkrebs durch Mammographie-Screening ist in den Krebsfrüherkennungsrichtlinien ein besonderes Früherkennungsprogramm vorgesehen.

2

Auswirkungen auf die Zuzahlungspflichten

Chronisch kranke Versicherte müssen statt 1 Prozent ihrer Bruttoeinnahmen 2 Prozent für Zuzahlungen aufbringen, wenn sie die Gesundheits- bzw. Vorsorgeuntersuchungen nicht in Anspruch genommen haben (vgl. die Ausführungen ab Seite 111).

Kinderuntersuchungen

Versicherte Kinder und Jugendliche haben bis zur Vollendung des 18. Lebensjahres Anspruch auf Untersuchungen zur Früherkennung von Krankheiten. Es handelt sich dabei um solche Krankheiten, die die körperliche, geistige oder psycho-soziale Entwicklung der Kinder und Jugendlichen in nicht geringfügigem Maße gefährden. Die Untersuchungen beinhalten eine Erfassung und Bewertung gesundheitlicher Risiken einschließlich einer Überprüfung der Vollständigkeit des Impfstatus sowie eine darauf abgestimmte präventionsorientierte Beratung einschließlich Informationen zu regionalen Unterstützungsangeboten für Eltern und Kind.

Die Früherkennungsuntersuchungen auf Zahn-, Mund- und Kieferkrankheiten umfassen insbesondere:

- Inspektion der Mundhöhle

- Einschätzung oder Bestimmung des Kariesrisikos

- Ernährungs- und Mundhygieneberatung

- Maßnahmen zur Schmelzhärtung der Zähne und zur Keim-
zahlsenkung

Die Früherkennungsuntersuchungen auf Zahn-, Mund- und Kieferkrankheiten werden bis zur Vollendung des 6. Lebensjahres
erbracht und können von Ärzten oder Zahnärzten durchgeführt
werden.

2 Einzelheiten über die Untersuchungen sehen die Kinder-Richtli-
nien des Gemeinsamen Bundesausschusses vor. Danach umfassen
die Früherkennungsmaßnahmen bei Kindern in den ersten sechs
Lebensjahren insgesamt neun Untersuchungen. Die Untersuchungen können nur in den jeweils angegebenen Zeiträumen unter
Berücksichtigung nachfolgender Toleranzgrenzen in Anspruch
genommen werden.

Die Neugeborenen-Erstuntersuchung (Erste Untersuchung – U 1)
wird unmittelbar nach der Geburt vorgenommen. Ist kein Arzt an-
wesend, soll die Hebamme diese Untersuchung durchführen. Die
Untersuchung hat im Wesentlichen zum Ziel, lebensbedrohliche
Zustände zu erkennen, augenfällige Schäden festzustellen und
ggf. notwendige Sofortmaßnahmen einzuleiten.

Die weiteren Untersuchungen (U 2 bis U 9) sind in den nachfolgend aufgezeigten Zeiträumen durchzuführen:

Kinderuntersuchungen			
Untersuchungsstufe		Toleranzgrenze	
U 2	3. – 10. Lebenstag	U 2	3. – 14. Lebenstag
U 3	4. – 6. Lebenswoche	U 3	3. – 8. Lebenswoche
U 4	3. – 4. Lebensmonat	U 4	2. – 4½ Lebensmonat
U 5	6. – 7. Lebensmonat	U 5	5. – 8. Lebensmonat
U 6	10. – 12. Lebensmonat	U 6	9. – 13. Lebensmonat
U 7	21. – 24. Lebensmonat	U 7	20. – 27. Lebensmonat
U 8	43. – 48. Lebensmonat	U 8	43. – 50. Lebensmonat
U 9	60. – 64. Lebensmonat	U 9	58. – 66. Lebensmonat

Die Richtlinien schreiben vor, welche Untersuchungen jeweils
vorgenommen werden müssen. Sie sehen zudem ein Untersu-
chungsheft für Kinder vor, in dem die jeweils durchzuführenden
Untersuchungen aufgeführt sind.

Die Richtlinien werden derzeit vom Gemeinsamen Bundesausschuss neu strukturiert und umgestaltet.

Praxis-Tipp:

Sollte hier Leistungsbedarf bestehen, erkundigen Sie sich bei Ihrer Krankenkasse über die bereits vorhandenen Möglichkeiten.

2

Die Maßnahmen sollen mögliche Gefahren für die Gesundheit der Kinder dadurch abwenden, dass aufgefundene Verdachtsfälle eingehend diagnostiziert und erforderlichenfalls rechtzeitig behandelt werden können.

Wichtig: Ergeben die Untersuchungen das Vorliegen oder den Verdacht auf das Bestehen einer Krankheit, hat der Arzt dafür Sorge zu tragen, dass diese Fälle im Rahmen der Krankenbehandlung (vgl. Kapitel 3) einer weitergehenden, gezielten Diagnostik und ggf. Therapie zugeführt werden.

Die Kinderuntersuchungen sollen diejenigen Ärzte durchführen, welche die vorgesehenen Leistungen aufgrund ihrer Kenntnisse und Erfahrungen erbringen können, nach der ärztlichen Berufsordnung dazu berechtigt sind und über die erforderlichen Einrichtungen verfügen. Der untersuchende Arzt dokumentiert die vorgenommenen Untersuchungen im Kinder-Untersuchungsheft. Dort ist anzugeben, ob aufgrund der Untersuchungen weitere Maßnahmen veranlasst oder empfohlen werden.

Jugendgesundheitsuntersuchung

Die Versicherten haben zwischen dem vollendeten 13. und vollendetem 14. Lebensjahr Anspruch auf eine Jugendgesundheitsuntersuchung. Dies ergibt sich aus den Richtlinien des Gemeinsamen Bundesausschusses.

Die Untersuchung beabsichtigt, durch Früherkennung psychischer und psychosozialer Risikofaktoren eine Fehlentwicklung in der Pubertät zu verhindern. Darüber hinaus sind individuell auftretende gesundheitsgefährdende Verhaltensweisen frühzeitig zu erkennen. Über die hierdurch ermittelte gesundheitliche Gefährdung ist der Jugendliche frühzeitig aufzuklären.

Wichtig: Mithilfe der Jugendgesundheitsuntersuchung sollen mögliche Gefahren für die Gesundheit der Anspruchsberechtigten abgewendet werden.

Anamnese und körperliche Untersuchung beschränken sich dabei auf diejenigen Störungen und Verhaltensauffälligkeiten, die schon in einem frühen Stadium einer Behandlung und Beratung zugeführt werden können, bzw. für die soziale Integration des Jugendlichen von Bedeutung sind.

Die Untersuchung umfasst eine differenzierte Anamneseerhebung und eine klinisch-körperliche Untersuchung. Nur bei Verdacht auf eine familiäre Hypercholesterinämie ist eine Laboruntersuchung des Gesamtcholesterins vorzusehen. Bei jedem Jugendlichen ist der Impfstatus zu erheben und dieser ggf. durch Nachimpfung zu motivieren. Ferner ist auf eine ausreichende Jodzuführung zu achten.

Nach Abschluss der Maßnahmen hat der Arzt den Jugendlichen über das Ergebnis der durchgeführten Untersuchung zu informieren und mit ihm die möglichen Auswirkungen im Hinblick auf die weitere Lebensgestaltung zu erörtern.

Wichtig: Wird im Verlauf der Untersuchungen das Vorliegen einer Krankheit entdeckt oder ein entsprechender Verdacht erhoben, hat der Arzt dafür Sorge zu tragen, dass sich die betroffenen Jugendlichen im Rahmen der Krankenbehandlung einer weitergehenden gezielten Diagnostik oder Therapie unterziehen.

Ambulante Leistungen bei Krankheit

3

Ärztliche Behandlung

Die ärztliche Behandlung umfasst die Tätigkeit des Arztes, die zur

- Verhütung,
- Früherkennung und
- Behandlung

von Krankheiten nach den Regeln der ärztlichen Kunst ausreichend und zweckmäßig ist.

Zur ärztlichen Behandlung gehört auch die Hilfeleistung anderer Personen, die von dem Arzt angeordnet wird und von ihm zu verantworten ist.

Wichtig: Die ärztliche Behandlung darf nur von Ärzten und nicht von anderen zur Ausübung der Heilkunde berechtigten Personen wie Heilpraktikern durchgeführt werden. Das gilt auch in dringenden Fällen.

Vom Arzt angeordnete Tätigkeiten, die in seiner Praxis (z. B. Bestrahlungen oder Massagen) oder unter seiner Überwachung (z. B. bei der Delegation an Psychologen) vorgenommen werden, zählen ebenfalls zur ärztlichen Behandlung.

Es muss sich hier allerdings um Hilfeleistungen handeln, da der Arzt seine Leistung grundsätzlich persönlich erbringen muss. Für diese Tätigkeiten kommen nicht nur Angehörige von Heilhilfsberufen in Betracht, sondern auch andere Personen (z. B. in der psychiatrischen Praxis mitarbeitende Sozialarbeiter).

Es muss sich aber immer um Tätigkeiten handeln, die vom Arzt zu verantworten sind, also innerhalb des Bereiches liegen, der der ärztlichen Berufsausübung zuzurechnen ist.

Die Ärzte haben bei der Durchführung der Behandlung und ihrer Anordnungen die Regeln der ärztlichen Kunst zu beachten und die Behandlung in ausreichendem und zweckmäßigem Umfang durchzuführen.

Menschenwürdige Behandlung

§ 70 Abs. 2 SGB V schreibt ausdrücklich vor – nicht nur bezogen auf die ärztliche Behandlung –, dass die Krankenkassen und die

Leistungserbringer durch geeignete Maßnahmen auf eine humane Krankenbehandlung ihrer Versicherten hinzuwirken haben. Es wird also eine menschliche Behandlung gefordert. Eigentlich eine Selbstverständlichkeit.

Wichtig: Die Versicherten sollten wissen, dass sie Anspruch auf eine solche humane Behandlung haben. Dieser Anspruch steht Versicherten aller Kassenarten zu.

Manchmal gibt es Klagen darüber, man würde als Versicherter einer gesetzlichen Krankenkasse schlecht behandelt werden, zumindest schlechter als beispielsweise Privatpatienten.

Es soll hier nicht untersucht werden, ob und in welchem Umfang dies tatsächlich vorkommt. Jedenfalls sollten Sie immer mit dem Anspruch auftreten, dass Sie menschenwürdig behandelt werden – wobei unter Behandlung nicht unbedingt nur die ärztliche Behandlung als solche zu verstehen ist. Vielmehr gehört dazu auch die Art und Weise, wie mit Patienten umgegangen wird.

3

Praxis-Tipp:

Sollten Sie der Auffassung sein, nicht in diesem Sinne human, das heißt menschenwürdig behandelt zu werden, sollten Sie sich an Ihre Krankenkasse wenden. Natürlich ist es auch möglich, sich über einen Arzt bei der zuständigen Ärztekammer oder bei der Kassenärztlichen Vereinigung zu beschweren.

Humane Krankenbehandlung schließt eine ärztliche Behandlung auch dann ein, wenn der Zustand des Kranken nach ärztlicher Ansicht hoffnungslos geworden ist (z. B. Palliativversorgung).

Wichtig: Während im Volksmund allgemein von Kassenarzt und kassenärztlicher Behandlung gesprochen wird, verwendet das Gesetz die Bezeichnungen Vertragsarzt und vertragsärztliche Behandlung.

Vertragsärztliche Versorgung

Die vertragsärztliche Versorgung unterteilt sich in die hausärztliche und in die fachärztliche Versorgung.

Hausärztliche Versorgung

Die hausärztliche Versorgung beinhaltet insbesondere:

- Allgemeine und fortgesetzte ärztliche Betreuung eines Patienten in Diagnostik und Therapie bei Kenntnis seines häuslichen und familiären Umfelds
- Koordination diagnostischer, therapeutischer und pflegerischer Maßnahmen
- Dokumentation, insbesondere Zusammenführung, Bewertung und Aufbewahrung der wesentlichen Behandlungsdaten, Befunde und Berichte aus der ambulanten und stationären Versorgung
- Einleitung oder Durchführung präventiver und rehabilitativer Maßnahmen sowie die Integration nicht-ärztlicher Hilfen und flankierender Dienste in die Behandlungsmaßnahmen

An der hausärztlichen Versorgung nehmen teil:

- Allgemeinärzte
- Kinderärzte
- Internisten ohne Schwerpunktbezeichnung, die die Teilnahme an der hausärztlichen Versorgung gewählt haben
- Ausländische Ärzte, die in das Arztregister eingetragen sind

Die übrigen Fachärzte nehmen an der fachärztlichen Versorgung teil. Der Zulassungsausschuss kann beispielsweise Kinderärzte zur fachärztlichen Behandlung zulassen.

Wichtig: Es verstößt nach Auffassung des Bundesverfassungsgerichts nicht gegen Verfassungsrecht, dass niemand gleichzeitig zur hausärztlichen und zur fachärztlichen Versorgung zugelassen wird.

Die Kassenärztlichen Vereinigungen und die Krankenkassen sind zur Sicherung der hausärztlichen Versorgung verpflichtet, die allgemeinmedizinische Weiterbildung in den Praxen zugelassener Ärzte und zugelassener medizinischer Versorgungszentren zu fördern. Näheres wird durch Vereinbarungen geregelt.

Hausarztzentrierte Versorgung

Die Krankenkassen haben ihren Versicherten eine besondere hausärztliche Versorgung (hausarztzentrierte Versorgung) anzubieten. Dabei ist sicherzustellen, dass die hausarztzentrierte Versorgung bestimmten Anforderungen genügt, die über die Anforderungen an die hausärztliche Versorgung hinausgehen.

Praxis-Tipp:

Erkundigen Sie sich bei Ihrer Krankenkasse nach Einzelheiten. Sie ist im Übrigen verpflichtet, ihre Versicherten in geeigneter Weise über Inhalt und Ziele der hausarztzentrierten Versorgung sowie über die jeweils wohnortnah teilnehmenden Hausärzte zu informieren.

3

Sorgfaltspflicht des Arztes

Die Übernahme der Behandlung verpflichtet den an der vertragsärztlichen Versorgung teilnehmenden Arzt dem zu Behandelnden gegenüber zur Sorgfalt nach den Vorschriften des bürgerlichen Vertragsrechts.

Das bedeutet beispielsweise, dass Versicherte und ihre Angehörigen bei Vorliegen eines ärztlichen Behandlungsfehlers (auch als Kunstfehler bezeichnet) sehr wohl Schadensersatzansprüche gegen den behandelnden Arzt geltend machen können.

Besondere Bedeutung hat in diesem Zusammenhang die Vorschrift des § 66 SGB V. Danach sollen die Krankenkassen die Versicherten bei der Verfolgung von Schadensersatzansprüchen, die bei der Inanspruchnahme von Versicherungsleistungen aus Behandlungsfehlern entstanden sind, unterstützen.

Einrichtung von Sprechstunden

Der Vertragsarzt muss seine Sprechstunden entsprechend dem Bedürfnis nach einer ausreichenden und zweckmäßigen vertragsärztlichen Versorgung und den Gegebenheiten seines Praxisbereichs festsetzen. Die Sprechstunden sind auf einem Praxisschild mit festen Uhrzeiten bekanntzugeben. Sprechstunden nach Vereinbarung oder die Ankündigung einer Vorbestellpraxis dürfen zusätzlich angegeben werden.

Achtung: Die Ankündigung besonderer Sprechstunden ist allerdings nur für die Durchführung von Früherkennungsuntersuchungen zulässig (vgl. Kapitel 2).

Bei der Verteilung der Sprechstunden auf den einzelnen Tag sollen die Besonderheiten des Praxisbereichs und die Bedürfnisse der Versicherten berücksichtigt werden. So können beispielsweise Sprechstunden am Abend oder an Samstagen vorgesehen werden.

3

Der Vertragsarzt soll Verhinderungen an der Ausübung seiner Praxis den Versicherten auf geeignete Weise mitteilen. Das kann beispielsweise geschehen durch:

- Aushang
- Veröffentlichung in der Tageszeitung
- Veröffentlichung in den Mitteilungsblättern der Gemeinde

Im Allgemeinen geben die Ärzte an, wer ihre Vertretung übernimmt.

Besuchsbehandlung

Versicherte haben nur dann einen Anspruch auf Besuchsbehandlung, wenn ihnen das Aufsuchen des Arztes in dessen Praxisräumen wegen Krankheit nicht möglich ist. Hierauf haben die Krankenkassen ihre Versicherten hinzuweisen.

Besuche außerhalb seines üblichen Praxisbereichs kann der Vertragsarzt ablehnen. Das gilt jedoch nicht, wenn es sich um einen dringenden Fall handelt und ein Vertragsarzt, in dessen Praxisbereich die Wohnung des Kranken liegt, nicht zu erreichen ist.

Grundsätzlich ist die Besuchsbehandlung Aufgabe des behandelnden Hausarztes. Ein Arzt mit Gebietsbezeichnung, der nicht die Funktion des Hausarztes wahrnimmt, ist unbeschadet seiner Verpflichtung zur Hilfeleistung in Notfällen auch zur Besuchsbehandlung berechtigt und verpflichtet, wenn

- er zur konsilarischen Beratung hinzugezogen wird und nach dem Ergebnis der gemeinsamen Beratung weitere Besuche durch ihn erforderlich sind,

- bei Patienten, die von ihm behandelt werden, wegen einer Erkrankung aus seinem Fachgebiet ein Besuch notwendig ist.

Praxis-Tipp:

Sind Sie oder ist einer Ihrer Familienangehörigen so schwer erkrankt, dass die Arztpraxis nicht aufgesucht werden kann, bitten Sie den Arzt telefonisch um eine Besuchsbehandlung.

Schildern Sie so genau wie möglich die Symptome. Der Arzt wird dann selbst beurteilen können, ob eine Besuchsbehandlung erforderlich ist.

Achten Sie in einem solchen Fall darauf, beispielsweise die Medikamente, die der Patient nimmt, anzugeben.

Sinnvoll ist zudem, vor dem Anruf ggf. die Temperatur zu messen, um den Arzt den Zustand des Patienten möglichst genau beschreiben zu können.

3

Freie Arztwahl

Gesetzlich Krankenversicherte können grundsätzlich die sie behandelnden Ärzte frei wählen, sofern diese an der vertragsärztlichen Versorgung teilnehmen.

Wichtig: Welche Ärzte an der vertragsärztlichen Versorgung teilnehmen, ergibt sich aus dem Ärzteverzeichnis Ihrer Krankenkasse. Fordern Sie ein solches kostenloses Verzeichnis an.

Nach § 76 Abs. 2 SGB V hat der Versicherte grundsätzlich „einen der nächsterreichbaren ... Ärzte" zu konsultieren. Tut er dies nicht bzw. wählt einen weiter entfernten Arzt, hat er die Mehrkosten (meist: Fahrtkosten) selbst zu bezahlen.

Die freie Arztwahl lässt sich wie folgt darstellen:

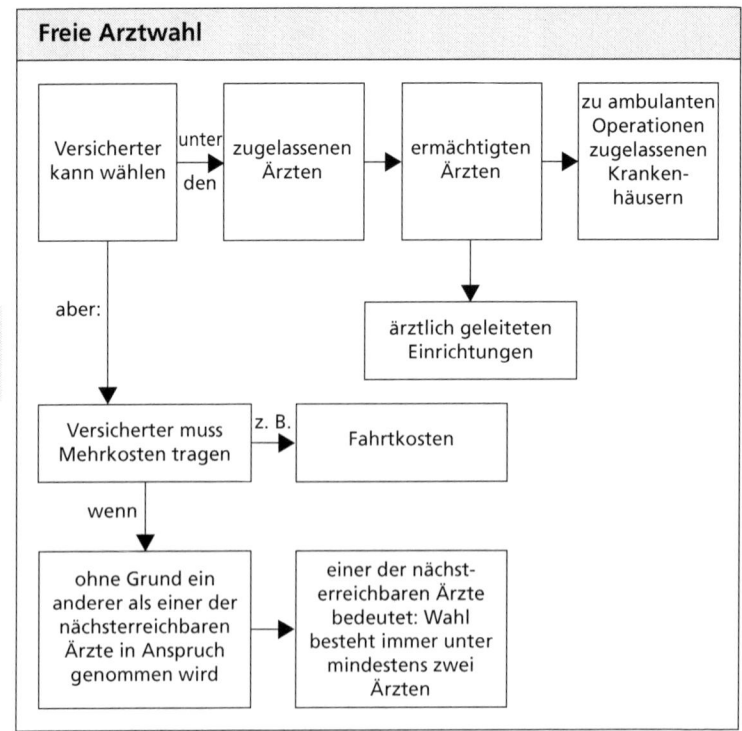

3

Elektronische Gesundheitskarte, vormals Krankenversicherten-karte

Versicherte, die ärztliche, zahnärztliche oder psychotherapeutische Behandlung in Anspruch nehmen, haben dem Arzt, Zahnarzt oder Psychotherapeuten vor Behandlungsbeginn ihre Gesundheitskarte auszuhändigen.

Nach ausdrücklicher gesetzlicher Vorschrift sind in die Gesundheitskarte neben der Bezeichnung der Krankenkasse folgende Angaben aufnehmen:

- Familienname
- Vorname

- Geburtsdatum
- Geschlecht
- Anschrift
- Krankenversichertennummer
- Status des Versicherten (z. B. als Rentner oder Familienangehöriger versichert)
- Tag des Beginns des Versicherungsschutzes
- bei befristeter Gültigkeit das Datum des Fristablaufs

Der Versicherte erhält die Gesundheitskarte bei der erstmaligen Ausgabe und bei Beginn der Versicherung bei einer Krankenkasse sowie bei jeder weiteren, vom Versicherten nicht verschuldeten erneuten Ausgabe gebührenfrei.

3

Bei Beendigung des Versicherungsschutzes ist die Gesundheitskarte der bisherigen, bei Krankenkassenwechsel der neuen Krankenkasse auszuhändigen.

Muss die Karte aufgrund von Umständen, die der Versicherte zu vertretend hat, neu ausgestellt werden, kann eine Gebühr von 5 Euro erhoben werden. Diese Gebühr ist auch von den Familienversicherten zu zahlen.

Vorstehendes gilt entsprechend, wenn die Karte aus vom Versicherten verschuldeten Gründen nicht ausgestellt werden kann und von der Krankenkasse eine zur Überbrückung von Übergangszeiten befristete Ersatzbescheinigung ausgestellt wird, welche die Berechtigung zur Inanspruchnahme von Leistungen nachweist. Eine solche wiederholte Ausstellung kommt allerdings nur in Betracht, wenn der Versicherte bei der Ausstellung der elektronischen Gesundheitskarte mitwirkt. Hierauf ist der Versicherte bei der erstmaligen Ausstellung einer Ersatzbescheinigung hinzuweisen.

Wichtig: Es liegt kein zum Verlust der Gesundheitskarte führendes vorsätzliches oder fahrlässiges Handeln vor, wenn die Krankenversichertenkarte gestohlen oder verloren wurde oder aufgrund unfallbedingter Beschädigung unbrauchbar geworden ist.

Die Krankenkasse hat das Recht, die Aushändigung der Gesundheitskarte vom Vorliegen einer Meldung über die Familienangehörigen abhängig zu machen.

Ärzte und Zahnärzte haben (über die Kassenärztliche Bundesvereinigung) Lesegeräte und Drucker erhalten, um mit der Gesundheitskarte arbeiten zu können. Damit der Arzt das Verfahren auch bei Hausbesuchen in Alten- und Pflegeheimen, wo oft mehrere Patienten behandelt werden, nutzen kann, haben sich die Spitzenverbände der Krankenkassen bereit erklärt, die Anschaffung geeigneter Lesegeräte und Drucker durch die Alten- und Pflegeheime mit einem einmaligen Betrag zu bezuschussen.

Die Krankenkassen sind verpflichtet, einem Missbrauch der Karten durch geeignete Maßnahmen entgegenzuwirken.

Die Krankenkassen waren verpflichtet die frühere Krankenversichertenkarte zu einer elektronischen Gesundheitskarte (eGK) zu erweitern (§ 291 Abs. 2a SGB V). Die elektronische Gesundheitskarte hat die oben aufgeführten Angaben der Krankenversicherten sowie ein Lichtbild des Versicherten zu enthalten. Außerdem muss sie geeignet sein, Angaben aufzunehmen für:

- die Übermittlung ärztlicher Verordnungen in elektronischer und maschinell verwertbarer Form

- Berechtigungsnachweise zur Inanspruchnahme von Leistungen innerhalb des Europäischen Wirtschaftsraums

- das Erheben, Verarbeiten und Nutzen von medizinischen Daten, die Notfallversorgung, Befunde, Diagnosen, Therapieempfehlungen sowie Behandlungsberichte in elektronischer und maschinell verwertbarer Form für eine einrichtungsübergreifende, fallbezogene Kooperation (elektronischer Arztbrief)

- Daten über Befunde, Diagnosen, Therapiemaßnahmen, Behandlungsberichte sowie Impfungen für eine fall- und einrichtungsübergreifende Dokumentation über den Patienten (elektronische Patientenakte)

- von den Versicherten selbst oder für sie zur Verfügung gestellte Daten

- Daten über die in Anspruch genommenen Leistungen und deren vorläufige Kosten für die Versicherten

Die Gesundheitskarte wird in § 15 Abs. 2 SGB V vorgeschrieben und wurde am 01.01.2015 in der gesamten Bundesrepublik eingeführt (vgl. § 15 Abs. 2 SGB V).

Bereits 2004 wurde die Europäische Krankenversicherungskarte (European Health Insurance Card – EHIC) implementiert. Sie ist in den Staaten des Europäischen Wirtschaftsraums einsetzbar und integriert die elektronische Gesundheitskarte.

Die Krankenkassen haben in geeigneter Weise, zum Beispiel durch Merkblätter oder andere Aufklärungsschriften, die Berechtigten zu verpflichten, die Gesundheitskarte dem Vertragsarzt bei Behandlungsbeginn unaufgefordert auszuhändigen.

3

Wichtig: In dringenden Fällen müssen Sie Ihren Behandlungsanspruch auf vertragsärztliche Versorgung in anderer Weise dartun.

Außerdem haben die Krankenkassen die Berechtigten zu verpflichten, die Gesundheitskarte, spätestens innerhalb einer Frist von zehn Tagen nach der ersten Inanspruchnahme nachzureichen. Die Krankenkasse wird den Vertragsarzt auf dessen Wunsch darin unterstützen, dass der Versicherte die Gesundheitskarte dem Vertragsarzt nachträglich vorlegt.

Wird die Gesundheitskarte trotz schriftlicher Anmahnung nicht vorgelegt, sendet die Krankenkasse dem Vertragsarzt auf Verlangen einen Behandlungsnachweis zu.

Für die Kosten einer Behandlung, die aufgrund einer vorgelegten falschen Gesundheitskarte oder eines zu Unrecht ausgestellten anderen Behandlungsausweises erfolgte, haftet die Krankenkasse dem Arzt gegen Abtretung seines Vergütungsanspruchs.

Wichtig: Der Vertragsarzt darf für vertragsärztliche Leistungen – mit Ausnahme der Zuzahlungen bei Massagen, Bädern und Krankengymnastik, die als Bestandteil der ärztlichen Behandlung erbracht werden –, vom Versicherten keine Zuzahlungen fordern. So dürfen gesetzlich zustehende Leistungen vom Vertragsarzt von einer Zuzahlung nicht mit der Begründung abhängig gemacht

werden, die Honorare der Krankenkasse würden dafür nicht aus-
reichen.

Praxis-Tipp:

Sollte im Einzelfall von einem Vertragsarzt ein entsprechendes Ansinnen an Sie gestellt werden:

- Zahlen Sie nicht!

- Unterschreiben Sie keine entsprechende Verpflichtung!

- Melden Sie den Vorfall Ihrer Krankenkasse!

- Unter Umständen sollte der Arzt gewechselt werden!

Nur in den nachfolgend aufgeführten Fällen darf der Vertragsarzt
von einem Versicherten eine Vergütung fordern:

- Die Gesundheitskarte ist bei der ersten Inanspruchnahme im
  Quartal nicht vorgelegt worden bzw. es liegt kein anderer
  gültiger Behandlungsausweis vor und wird nicht innerhalb
  der bereits erwähnten Frist von zehn Tagen nach der ersten
  Inanspruchnahme nachgereicht.

- Der Versicherte verlangt vor Beginn der Behandlung ausdrücklich, auf eigene Kosten behandelt zu werden und bestätigt
  dieses dem Vertragsarzt schriftlich.

- Für Leistungen, die nicht Bestandteil der vertragsärztlichen
  Versorgung sind, wurde vorher die schriftliche Zustimmung des
  Versicherten eingeholt und dieser auf die Pflicht zur Übernah-
  me der Kosten hingewiesen.

Wichtig: Wird vom Versicherten eine Vergütung wegen Nicht-
vorlage der Gesundheitskarte verlangt, ist diese zurückzuzahlen,
wenn dem Vertragsarzt bis zum Ende des betreffenden Kalen-
dervierteljahres eine gültige Gesundheitskarte bzw. ein anderer
gültiger Behandlungsausweis vorgelegt wird.

Eine Erklärung, auf eigene Kosten behandelt zu werden, sollte
erst nach ausführlicher Beratung über die geplanten Maßnahmen
und die entstehenden Kosten unterschrieben werden. Insbesondere gilt das, wenn es sich um Leistungen handelt, die nicht Be-

standteil der vertragsärztlichen Versorgung sind. Empfehlenswert ist es, sich vorher eingehend mit der Krankenkasse darüber zu beraten, ob und warum diese die Kosten nicht übernehmen kann.

Neue Untersuchungs- und Behandlungsmethoden

In der Praxis der gesetzlichen Krankenkassen spielen sogenannte neue Untersuchungs- und Behandlungsmethoden immer wieder eine besondere Rolle.

§ 135 SGB V bestimmt ausdrücklilch, dass neue Untersuchungs- und Behandlungsmethoden in der vertragsärztlichen und vertragszahnärztlichen Versorgung nur dann zulasten der Krankenkassen erbracht werden, wenn der Gemeinsame Bundesausschuss entsprechende Empfehlungen abgegeben hat.

3

Nach der Rechtsprechung des Bundessozialgerichts müssen aufgrund der Selbstbindung der Ärzte und Krankenkassen die Empfehlungen des Bundesausschusses sowohl bei positivem als auch negativem Inhalt beachtet werden.

Wichtig: Bei einer positiven Stellungnahme des Ausschusses ist die Krankenkasse auch im Verhältnis zum Versicherten gebunden und daher verpflichtet, die notwendige Sachleistung zu erbringen. Die Entscheidung des Ausschusses ist sowohl von der Verwaltung als auch von den Gerichten zu beachten. Der Versicherte, der sich eine in den Richtlinien ausgeschlossene Behandlung auf eigene Rechnung beschafft, kann gegenüber seiner Krankenkasse nicht einwenden, die Methode sei gleichwohl zweckmäßig und in seinem konkreten Fall wirksam gewesen.

Der Gemeinsame Bundesausschuss hat Richtlinien zu Untersuchungs- und Behandlungsmethoden der vertragsärztlichen Versorgung erlassen.

In zwei Anlagen sind Verzeichnisse enthalten. In der Anlage A geht es um die anerkannten Untersuchungs- oder Behandlungsmethoden, in der Anlage B um Methoden, die nicht als vertragsärztliche Leistungen zulasten der Krankenkassen erbracht werden dürfen. Diese Anlagen werden immer wieder ergänzt bzw. geändert.

> **Praxis-Tipp:**
>
> Wird von Ihrem Arzt geltend gemacht, es handele sich um eine nicht anerkannte (neue) Untersuchungs- oder Behandlungsmethode, wird er sicherlich im Besitz einer entsprechenden Veröffentlichung sein.
>
> Veröffentlicht werden solche Beschlüsse sowohl im Bundesanzeiger als auch im Deutschen Ärzteblatt.

Bei den sogenannten IGeL-Maßnahmen handelt es sich um eine Liste individueller Gesundheitsmaßnahmen, die von Ärzten empfohlen, von den Krankenkassen aber nicht bezahlt werden.

Sonderregelungen gelten für die Bewertung neuer Untersuchungs- und Behandlungsmethoden mit Medizinprodukten hoher Risikoklasse (§ 137h SGB V). Einzelheiten regelt hier die Medizinproduktemethodenbewertungsverordnung (MeMBV) vom 15.12.2015.

Organ- oder Gewebespender

Spender von Organen oder Geweben oder von Blut zur Seperation von Blutstammzellen oder anderen Blutbestandteilen (Spender) haben bei einer Spende von Organen oder im Zusammenhang mit einer Spende zum Zwecke der Übertragung auf Versicherte (Entnahme bei lebenden Spendern) Anspruch auf Leistungen der Krankenbehandlung. Zuständig für diese Leistungen ist die Krankenkasse der Empfänger von Organen, Geweben oder Blutstammzellen sowie anderen Blutbestandteilen (Empfänger).

Überweisungen

Der Vertragsarzt hat die Durchführung erforderlicher

- diagnostischer oder
- therapeutischer Leistungen

durch

- einen anderen Vertragsarzt
- eine zugelassene Einrichtung

- einen ermächtigten Arzt

- eine ermächtigte ärztlich geleitete Einrichtung

per Überweisung auf einem dafür besonders vorgesehenen Vordruck zu veranlassen.

Ein Überweisungsschein ist auch zu verwenden, wenn der Vertragsarzt eine ambulante Operation im Krankenhaus veranlasst.

Wichtig: Eine Überweisung kann – von begründeten Ausnahmefällen abgesehen – nur dann vorgenommen werden, wenn dem überweisenden Vertragsarzt eine gültige Gesundheitskarte vorgelegen hat.

3

Der Versicherte legt den Überweisungsschein dem in Anspruch genommenen Vertragsarzt vor. Der ausführende Arzt ist grundsätzlich an den Überweisungsschein gebunden.

Zur Gewährleistung der freien Arztwahl soll die Überweisung nicht auf den Namen eines bestimmten Vertragsarztes, sondern auf die Gebiets-, Teilgebiets- oder Zusatzbezeichnung ausgestellt werden, in deren Bereich die Überweisung ausgeführt werden soll. Eine namentliche Überweisung kann zur Durchführung bestimmter Untersuchungs- oder Behandlungsmethoden an hierfür ermächtigte Ärzte bzw. ermächtigte ärztlich geleitete Einrichtungen erfolgen.

Wann eine Überweisung erfolgen kann

Der Vertragsarzt hat dem auf Überweisung tätig werdenden Vertragsarzt, soweit es für die Durchführung der Überweisung erforderlich ist, von den bisher erhobenen Befunden und/oder getroffenen Behandlungsmaßnahmen Kenntnis zu geben.

Der aufgrund der Überweisung tätig gewordene Vertragsarzt hat seinerseits den erstbehandelnden Vertragsarzt über die von ihm erhobenen Befunde und Behandlungsmaßnahmen zu unterrichten, soweit es für die Weiterbehandlung durch den überweisenden Arzt erforderlich ist.

Nimmt der Versicherte einen Facharzt unmittelbar in Anspruch, übermittelt der Facharzt mit Einverständnis des Versicherten die relevanten medizinischen Informationen an den vom Versicherten benannten Hausarzt.

Nachfolgendes Schaubild zeigt, wann eine Überweisung vorgenommen werden kann.

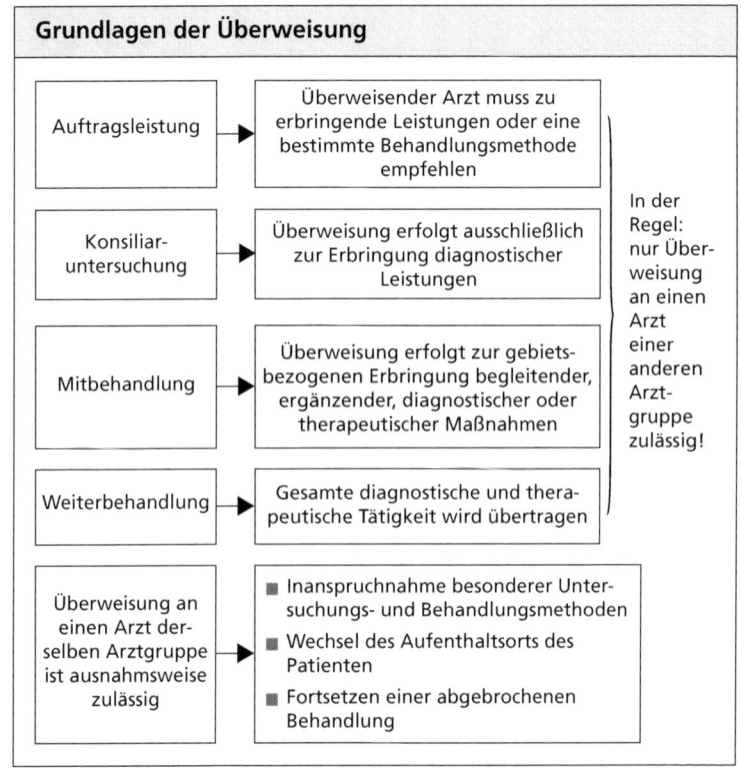

Der überweisende Vertragsarzt soll grundsätzlich mitteilen:

- Diagnose
- Verdachtsdiagnose
- Befunde

Achtung: Überweisungen von Vertragsärzten an Vertragszahnärzte sind nicht zulässig. Dagegen gilt eine von einem Vertragszahnarzt ausgestellte formlose Überweisung als Behandlungsausweis.

Terminservicestellen

In der Vergangenheit ist es immer wieder zu Klagen darüber gekommen, dass gesetzlich Versicherte nach einer Überweisung an einen Facharzt sehr lange auf einen Termin bei einem Facharzt warten müssen. Das GKV-VSG sieht hier Verbesserungen für Versicherte vor. Danach umfasst der Sicherstellungsauftrag der Kassenärztlichen Vereinigung und der Kassenärztlichen Bundesvereinigung auch die angemessene und zeitnahe Zurverfügungstellung der fachärztlichen Versorgung. Hierzu haben die Kassenärztlichen Vereinigungen Terminservicestellen eingerichtet. Diese können im Übrigen auch in Kooperation mit den Landesverbänden der Krankenkassen und den Ersatzkassen betrieben werden.

3

Die Terminservicestelle hat Versicherten bei Vorliegen einer Überweisung zu einem Facharzt innerhalb einer Woche einen Behandlungstermin bei einem Leistungserbringer (Facharzt) zu vermitteln. Einer Überweisung bedarf es nicht, wenn ein Behandlungstermin beim Augenarzt oder einem Frauenarzt zu vermitteln ist.

Die Wartezeit auf den zu vermittelnden Behandlungstermin darf vier Wochen nicht überschreiten. Die Entfernung zwischen dem Wohnort des Versicherten und dem vermittelten Facharzt muss zumutbar sein.

Kann die Terminservicestelle keinen Behandlungstermin innerhalb der vorgenannten Frist vermitteln, hat sie einen ambulanten Behandlungstermin in einem zugelassenen Krankenhaus anzubieten. Das gilt nicht bei verschiebbaren Routineuntersuchungen in Fällen von Bagatellerkrankungen sowie bei weiteren vergleichbaren Fällen. In einem Fall der vorstehend geschilderten Art können Versicherte auch zugelassene Krankenhäuser in Anspruch nehmen, die nicht an der vertragsärztlichen Versorgung teilnehmen. Die Inanspruchnahme umfasst auch weitere auf den Termin folgende notwendige Behandlungen, die dazu dienen, den Behandlungserfolg zu sichern oder zu festigen.

Der Bundesmanteltarifvertrag (abgeschlossen zwischen der Kassenärztlichen Bundesvereinigung und dem Spitzenverband Bund der Krankenkassen) regelt Näheres.

Notdienst

Der Sicherstellungsauftrag der Kassenärztlichen Vereinigungen und der Kassenärztlichen Bundesvereinigung umfasst auch die vertragsärztliche Versorgung zu den sprechstundenfreien Zeiten (Notdienst). Dazu zählt jedoch nicht die notärztliche Versorgung im Rahmen des Rettungsdienstes, soweit Landesrecht nichts anderes bestimmt. Die Kassenärztlichen Vereinigungen sollen den Notdienst auch durch Kooperation und eine organisatorische Verknüpfung mit zugelassenen Krankenhäusern sicherstellen. Nicht an der vertragsärztlichen Versorgung teilnehmende zugelassene Krankenhäuser und Ärzte, die aufgrund einer Kooperationsvereinbarung mit der Kassenärztlichen Vereinigung in den Notdienst einbezogen sind, sind zur Leistungserbringung im Rahmen des Notdienstes berechtigt und nehmen zu diesem Zweck an der vertragsärztlichen Versorgung teil. Das gilt entsprechend für nicht an der vertragsärztlichen Versorgung teilnehmende Ärzte im Rahmen der notärztlichen Versorgung des Rettungsdienstes, soweit durch Landesrecht bestimmt ist, dass auch diese Versorgung vom Sicherstellungsauftrag der Kassenärztlichen Vereinigung umfasst ist.

Die Kassenärztlichen Vereinigungen sollen mit den Landesapothekenkammern in einen Informationsaustausch über die Organisation des Notdienstes treten, um die Organisation der Versicherten im Notdienst zu verbessern. Im Übrigen sollen die Kassenärztlichen Vereinigungen mit den Rettungsleitstellen der Länder kooperieren.

Ärztliche Zweitmeinung

Seit 23.07.2015 haben Versicherte, bei denen zum Beispiel eine Operation durchgeführt werden soll, einen Anspruch darauf, eine unabhängige ärztliche Zweitmeinung bei einem Arzt oder einem zugelassenen medizinischen Versorgungszentrum einzuholen. Der Gemeinsame Bundesausschuss bestimmt in Richtlinien, für welche planbaren Eingriffe der Anspruch besteht. Er legt für die Erbringer einer Zweitmeinung indikationsspezifische Anforderungen zum empfohlenen Eingriff fest, um eine besondere Expertise zur Zweitmeinungserbringung zu sichern.

Der Arzt, der die Indikation für einen Eingriff stellt, muss den Versicherten über das Recht, eine unabhängige ärztliche Zweitmeinung einholen zu können, aufklären und ihn auf Informationsangebote zu geeigneten Leistungserbringern hinweisen.

Die Aufklärung muss mündlich erfolgen. Ergänzend kann auf Unterlagen Bezug genommen werden, die der Versicherte in Textfom erhält. Der Arzt hat dafür Sorge zu tragen, dass die Aufklärung in der Regel mindestens zehn Tage vor dem geplanten Eingriff erfolgt.

Wichtig: In jedem Fall hat die Aufklärung so rechtzeitig zu erfolgen, dass der Versicherte seine Entscheidung über die Einholung einer Zweitmeinung wohlüberlegt treffen kann. Der Arzt hat den Versicherten darauf hinzuweisen, dass er Anspruch auf Kopien der Befundunterlagen aus der Patientenakte hat, die für die Einholung der Zweitmeinung erforderlich sind. Die Kosten, die dem Arzt durch die Zusammenstellung und Überlassung von Befundunterlagen für die Zweitmeinung entstehen, trägt die Krankenkasse.

Die Krankenkasse kann in ihrer Satzung zusätzliche Leistungen zur Einholung einer unabhängigen ärztlichen Zweitmeinung vorsehen.

Praxis-Tipp:
Erkundigen Sie sich bei Ihrer Krankenkasse nach solchen Ansprüchen.

Zahnärztliche Behandlung

Die obigen Ausführungen über die ärztliche Behandlung gelten gleichermaßen für die zahnärztliche Behandlung.

Allerdings sind hier gesonderte Richtlinien des Gemeinsamen Bundesausschusses zu beachten. Danach umfasst die vertragszahnärztliche Versorgung die Maßnahmen, die geeignet sind, Krankheiten

- der Zähne,

- des Mundes,

- des Kiefers

nach den Regeln der ärztlichen Kunst zu heilen, durch diese Krankheiten verursachte Beschwerden zu lindern oder Verschlimmerungen abzuwenden.

Wichtig: Maßnahmen, die lediglich kosmetischen Zwecken dienen, gehören nicht zur vertragszahnärztlichen Versorgung.

Der Gemeinsame Bundesausschuss hat auch Richtlinien über neue Untersuchungs- und Behandlungsmethoden und die Überprüfung erbrachter vertragszahnärztlicher Leistungen beschlossen.

Kieferorthopädische Behandlung

Versicherte haben Anspruch auf kieferorthopädische Versorgung in medizinisch begründeten Indikationsgruppen, bei denen eine Kiefer- oder Zahnfehlstellung vorliegt, die das

- Kauen,

- Beißen,

- Sprechen oder

- Atmen

erheblich beeinträchtigt oder zu beeinträchtigen droht.

Achtung: Eine solche erhebliche Beeinträchtigung liegt bei geringfügigen Dreh- und Engständen im Frontzahnbereich bei Erwachsenen mit voll ausgebildetem Gebiss oder Maßnahmen zum Schließen einer geringfügigen Gebisslücke nicht vor.

Der Anspruch besteht nur für Personen, die bei Behandlungsbeginn das 18. Lebensjahr noch nicht vollendet haben. Ausnahmsweise werden erwachsene Versicherte mit schweren Kieferanomalien, die ein Ausmaß haben, das kombinierte kieferchirurgische und kieferorthopädische Behandlungsmaßnahmen erfordert, behandelt.

Zur kieferorthopädischen Behandlung haben Versicherte einen Anteil in Höhe von 20 Prozent der Kosten an den Vertragszahnarzt zu zahlen. Das gilt allerdings nicht für im Zusammenhang mit kieferorthopädischer Behandlung erbrachte konservierend-chirurgische und Röntgenleistungen.

Befinden sich mindestens zwei versicherte Kinder, die bei Beginn der Behandlung das 18. Lebensjahr noch nicht vollendet haben und mit ihren Erziehungsberechtigten in einem gemeinsamen Haushalt leben, in kieferorthopädischer Behandlung, beträgt der Eigenanteil für das zweite und jedes weitere Kind 10 Prozent.

Der Vertragszahnarzt rechnet die kieferorthopädische Behandlung abzüglich des Versichertenanteils mit der Kassenzahnärztlichen Vereinigung ab.

3

Wichtig: Ist die Behandlung in dem durch den Behandlungsplan bestimmten medizinisch erforderlichen Umfang abgeschlossen, zahlt die Krankenkasse den Eigenanteil an die Versicherten zurück.

Praxis-Tipp:

Damit der Eigenanteil zurückgezahlt wird, muss die Behandlung abgeschlossen sein. Dadurch soll verhindert werden, dass – insbesondere bei Kindern – die Behandlung vor Abschluss abgebrochen wird. Oftmals geht es darum, dass die sogenannte Zahnspange nicht für die vorgesehene Zeit vom Kind getragen wird. Es liegt hier natürlich auch an den Eltern, darauf hinzuwirken, dass dies erfolgt, wobei im Vordergrund der Überlegungen nicht das Geld stehen sollte, sondern die Auswirkungen auf die Gesundheit des Kindes, wenn die Maßnahmen nicht in der Weise vollständig durchgeführt werden, wie es in dem vom Zahnarzt aufgestellten Behandlungsplan vorgesehen ist.

Zahnersatz

Rechtsgrundlagen für die Leistung „Zahnersatz" sind die §§ 55 bis 58 SGB V.

Nach § 55 Abs. 1 SGB V haben Versicherte Anspruch auf befundbezogene Festzuschüsse bei einer medizinisch notwendigen Versorgung mit Zahnersatz einschließlich Zahnkronen und Suprakonstruktionen (zahnärztliche und zahntechnische Leistungen). Das gilt für die Fälle, in denen eine zahnprothetische Versorgung notwendig ist und die geplante Versorgung einer Methode entspricht, die durch den Gemeinsamen Bundesausschuss anerkannt wird.

§ 56 Abs. 1 SGB V sieht ausdrücklich vor, dass der Gemeinsame Bundesausschuss in Richtlinien die Befunde bestimmt, für die Festzuschüsse gewährt werden, und diesen prothetischen Regelversorgungen zuzuordnen hat. Aufgrund dieser Vorschrift hat der Gemeinsame Bundesausschuss die Festzuschuss-Richtlinien beschlossen. In einer Tabelle enthalten die Richtlinien die Befunde sowie die Regelversorgung (zahnärztliche und zahntechnische Leistungen).

In der Präambel zu den Richtlinien heißt es, dass sich die dem jeweiligen Befund zugeordnete zahnprothetische Versorgung an den zahnmedizinisch notwendigen zahnärztlichen und zahntechnischen Leistungen orientiert, die zu einer ausreichenden, zweckmäßigen und wirtschaftlichen Versorgung mit Zahnersatz einschließlich Zahnkronen und Suprakonstruktionen nach dem allgemein anerkannten Stand der medizinischen Erkenntnisse für den jeweiligen Befund gehören.

Bei der Zuordnung der Regelversorgung sind auch die Funktionsdauer, die Stabilität und die Gegenbezahnung berücksichtigt worden.

Dem Verband Deutscher Zahntechniker-Innungen wurde Gelegenheit zur Stellungnahme gegeben. Die Stellungnahme ist in die Entscheidung des Gemeinsamen Bundesausschusses einbezogen worden.

Aus den Richtlinien des Gemeinsamen Bundesausschusses ergibt sich auch, dass die Festzuschüsse zu den Befunden erst dann gewährt werden, wenn die auslösenden Befunde mit Zahnersatz, Zahnkronen oder Suprakonstruktionen versorgt sind. Bei Teilleistungen werden die Festzuschüsse anteilig erbracht.

Als Regelversorgung ist festsitzender Zahnersatz grundsätzlich indiziert, wenn eine natürliche Gegenbezahnung vorhanden ist. Funktionstüchtiger festsitzender Zahnersatz oder zeitgleich einzugliedernder festsitzender Zahnersatz wird der natürlichen Gegenbezahnung gleichgestellt.

Bei Vorliegen einer herausnehmbaren Versorgung im Gegenkiefer (Modellgussklammerprothese, Totalprothese) ist festsitzender Zahnersatz grundsätzlich indiziert und zwar bei der Versorgung einer Lücke mit einem fehlenden Zahn je Seitenzahngebiet oder bis zu vier fehlenden Zähnen im Frontzahngebiet.

3

Praxis-Tipp:

Manche Zahnärzte lehnen bestimmte Leistungen für Kassenpatienten ab und erklären (wahrheitswidrig), eine solche Behandlung könne nur „privat" abgerechnet werden. Hier sollten Sie im Zweifelsfall unbedingt bei Ihrer Krankenkasse nachfragen, um unnötige Zuzahlungen für Leistungen zu vermeiden, die von der Krankenkasse problemlos übernommen werden. Manchmal hilft allerdings nur ein Arztwechsel.

Anspruch auf Zahnersatz hat grundsätzlich jeder Versicherte einer gesetzlichen Krankenkasse.

Achtung: Für bestimmte Personengruppen wird eine Wartezeit gefordert. Sie haben nur dann Anspruch auf Versorgung mit Zahnersatz, wenn sie unmittelbar vor der Inanspruchnahme mindestens ein Jahr lang Mitglied einer Krankenkasse oder familienversichert waren oder die Behandlung aus medizinischen Gründen ausnahmsweise unaufschiebbar ist.

Es handelt sich dabei um Versicherte:

- die sich nur vorübergehend im Inland aufhalten

- zur Ausreise verpflichtete Ausländer, deren Aufenthalt aus völkerrechtlichen, politischen oder humanitären Gründen geduldet wird

- asylsuchende Ausländer, deren Asylverfahren noch nicht unanfechtbar abgeschlossen ist

- Vertriebene sowie Spätaussiedler, ihre Ehegatten, gleichgeschlechtlichen Lebenspartner und Abkömmlinge

Die Krankenkassen haben durch den Medizinischen Dienst prüfen zu lassen, ob eine Versorgung mit Zahnersatz aus medizinischen Gründen ausnahmsweise unaufschiebbar ist.

Höhe des Zuschusses zum Zahnersatz

Die Festzuschüsse betragen 50 Prozent der festgesetzten Beträge für die jeweilige Regelversorgung und erhöhen sich für eigene Bemühungen zur Gesunderhaltung der Zähne um 20 Prozent.

3

Die Erhöhung entfällt, wenn

- der Gebisszustand des Versicherten regelmäßige Zahnpflege nicht erkennen lässt und

- der Versicherte während der letzten fünf Jahre vor Behandlungsbeginn die Vorsorgeuntersuchungen nicht in jedem Kalenderjahr in Anspruch genommen hat bzw. sich nach Vollendung des 18. Lebensjahres nicht wenigstens einmal in jedem Kalenderjahr hat zahnärztlich untersuchen lassen.

Die Festzuschüsse erhöhen sich um weitere 10 Prozent, wenn der Versicherte seine Zähne regelmäßig gepflegt und in den letzten 10 Kalenderjahren vor Behandlungsbeginn die oben geschilderten Untersuchungen ohne Unterbrechung in Anspruch genommen hat.

Praxis-Tipp:

Lassen Sie sich alle Untersuchungen vom Zahnarzt in Ihrem Bonusheft bescheinigen. Dieses Heft erhalten Sie beim Zahnarzt kostenlos. Mit diesem Eintrag gilt auch die regelmäßige Gebisspflege als nachgewiesen.

Wählen Versicherte einen über die Regelversorgung hinausgehenden gleichartigen Zahnersatz, haben sie die Mehrkosten selbst zu tragen.

Wichtig: Viele private Krankenversicherungsunternehmen bieten Ergänzungstarife an, um „Zahn-Lücken" im Schutz der gesetzlichen Krankenversicherung zu schließen.

Viele Tarife gewährleisten nicht den vollen Ersatz aller anfallenden Kosten. Erkundigen Sie sich deshalb vor einem Abschluss unbedingt, ob der Privatversicherer die nicht vom Krankenkassenzuschuss gedeckten Kosten ganz oder nur teilweise übernimmt.

Vor Durchführung aller zahntechnischen Leistungen einschließlich Zahnersatz muss der Zahnarzt einen die gesamte Behandlung umfassenden Heil- und Kostenplan zur Vorlage bei der Krankenkasse ausstellen. Hierfür darf er keine Gebühren verlangen. Ebenso dürfen keine Pauschalen (z. B. für Materialkosten, die beim Zahnarzt anfallen) in Rechnung gestellt werden. Diese Leistungen sind im Rahmen der vertragszahnärztlichen Versorgung für die Versicherten unentgeltlich zu erbringen.

Nach § 55 Abs. 3 SGB V hat die Krankenkasse bei unzumutbarer Belastung einen Betrag zu den Festzuschüssen in gleicher Höhe, allerdings höchstens in Höhe der entstandenen Kosten vorzunehmen.

Um eine unzumutbare Belastung in diesem Sinne handelt es sich, wenn

- die monatlichen Bruttoeinnahmen zum Lebensunterhalt des Versicherten 40 Prozent der monatlichen Bezugsgröße nicht übersteigen (2016: 1.162 Euro – jeweils im gesamten Bundesgebiet)

- der Versicherte bestimmte Leistungen der Sozialhilfe, der Kriegsopferfürsorge, der Ausbildungsförderung oder der Bundesagentur für Arbeit erhält (§ 55 Abs. 2 Nr. 2 SGB V)

- die Kosten der Unterbringung in einem Heim oder einer ähnlichen Einrichtung von einem Träger der Sozialhilfe oder Kriegsopferfürsorge getragen werden (§ 55 Abs. 2 Nr. 3 SGB V).

In Zusammenhang mit der obigen Einkommensgrenze ist zu beachten, dass diese sich erhöht: für den ersten, im gemeinsamen Haushalt lebenden Angehörigen um 15 Prozent der monatlichen Bezugsgröße (2016: 435,75 Euro) und für jeden weiteren solchen

Angehörigen um 10 Prozent der monatlichen Bezugsgröße (2016: 290,50 Euro).

Einnahmen zum Lebensunterhalt sind auch Einnahmen anderer im gemeinsamen Haushalt lebender Angehöriger. Nicht dazu zählen allerdings Grundrenten, die nach dem Bundesversorgungsgesetz oder in entsprechender Anwendung des Bundesversorgungsgesetzes sowie Renten und Beihilfen nach dem Bundesentschädigungsgesetz (BEG) bis zur Höhe der vergleichbaren Grundrenten nach dem Bundesversorgungsgesetz gewährt werden (§ 55 Abs. 2 Satz 4 SGB V).

3 Im Übrigen erstattet die Krankenkasse zusätzlich zu den Festzuschüssen in Höhe von 50 Prozent der jeweiligen Regelversorgung der Versicherten den Betrag, um den die Festzuschüsse das Dreifache der Differenz zwischen den monatlichen Bruttoeinnahmen zum Lebensunterhalt und der zur Gewährung eines Festzuschusses maßgebenden Einnahmegrenze übersteigen.

Die Beteiligung an den Kosten umfasst höchstens einen Betrag in Höhe der zweifachen Festzuschüsse, jedoch nicht mehr als die tatsächlich entstandenen Kosten.

Arznei- und Verbandmittel

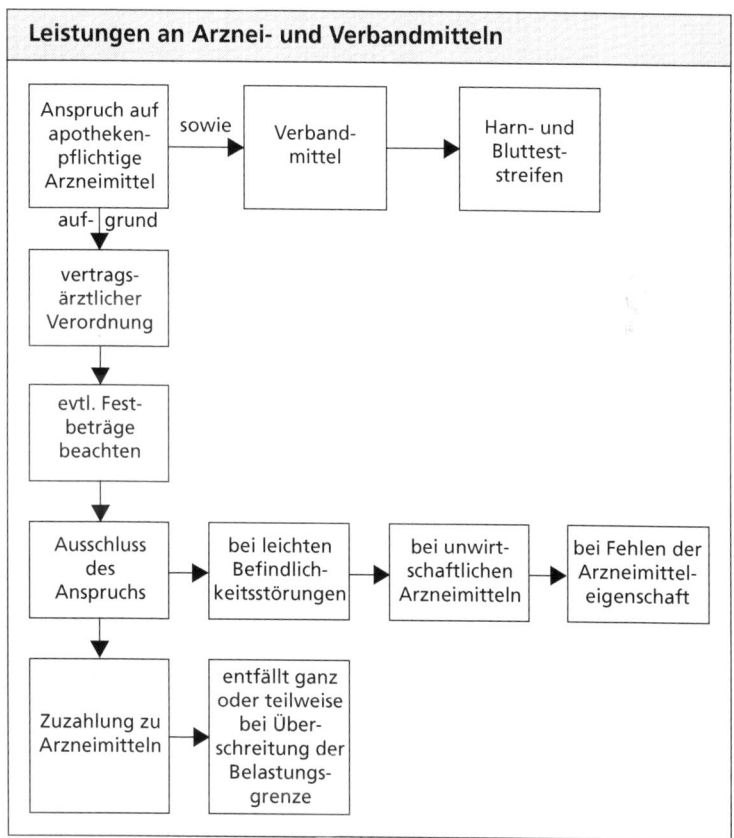

3

Versicherte haben Anspruch auf Versorgung mit apothekenpflichtigen Arzneimitteln (§ 31 SGB V). Voraussetzung ist, dass diese in der vertragsärztlichen Versorgung verordnungsfähig sind. Außerdem besteht Anspruch auf Versorgung mit:

- Verbandmitteln
- Harnteststreifen
- Blutteststreifen

Wichtig: Die Versorgung mit Arzneimitteln, die aus Drogerien, Reformhäusern und Supermärkten bezogen werden können, sind nicht umfasst. Sie sind nicht „verordnungsfähig".

Die Krankenkassen dürfen zudem nur die Kosten für zugelassene Arzneimittel übernehmen. So hat das Bundessozialgericht in seinem Urteil vom 23.05.2000 ausdrücklich festgestellt, dass die Krankenkasse zur Erstattung der Kosten nicht verpflichtet ist, wenn die Abgabe eines Medikaments behördlich untersagt ist.

Die Verordnung von Arzneimitteln liegt in der Verantwortung des Vertragsarztes. Die Genehmigung von Arzneimittelverordnungen durch die Krankenkasse ist unzulässig.

3

Zurzeit ist vorgeschrieben, dass die Vertragsärzte nur die Wirkstoffe auf dem Rezept angeben, das Arzneimittel selbst von der Apotheke bestimmt wird. Schon bisher war aber zwischen den Krankenkassen und den Vertragsärzten vereinbart, dass der Vertragsarzt auf dem Verordnungsblatt kenntlich machen soll, ob die Apotheke ein preisgünstigeres wirkstoffgleiches Arzneimittel anstelle des verordneten Mittels abgeben darf.

Achtung: Wird dem Vertragsarzt bei der ersten Inanspruchnahme im Quartal keine Gesundheitskarte, kein Überweisungsschein oder anderer gültiger Behandlungsausweis vorgelegt, ist für die Verordnung von Arznei- und Verbandmitteln auf dem Arzneiverordnungsblatt anstelle der Krankenkassenangabe der Vermerk „ohne Versicherungsnachweis" anzubringen. Beachten Sie zur Gesundheitskarte die Ausführungen ab Seite 50 und zum Überweisungsschein die Ausführungen ab Seite 56.

Die Zweitausstellung einer Verordnung ist im Übrigen nur gegen Rückgabe der zuerst ausgestellten Verordnung möglich.

Auch wenn ein Versicherter für verordnete Arznei- oder Verbandmittel Kostenerstattung in Anspruch nehmen will, ist die Verordnung auf einem Arzneiverordnungsblatt vorzunehmen. Dabei ist anstelle der Angabe des Namens der Krankenkasse der Vermerk „Kostenerstattung" anzubringen. Wird die Verordnung vom Patienten als Privatbehandlung gewünscht (hier ist eine besondere schriftliche Erklärung des Versicherten erforderlich), muss die Verordnung auf einem Privatrezept vorgenommen werden.

Eine Kostenerstattung für Versicherte, die diese anstelle der Sachleistung wählen, ist ohne eine ärztliche Verordnung nicht möglich.

Verordnungsfähige Arzneimittel

Wie bereits erwähnt, dürfen nur verordnungsfähige Arzneimittel
verordnet werden. § 34 Abs. 1 SGB V zählt Arzneimittel auf, die
für Versicherte, die das 12. Lebensjahr vollendet haben, von der
Versorgung ausgeschlossen sind. Jugendliche mit Entwicklungs-
störungen bis zum vollendeten 18. Lebensjahr haben allerdings
Anspruch auf diese Arzneimittel.

Es handelt sich dabei um:

3

- Arzneimittel zur Anwendung bei Erkältungskrankheiten und
  grippalen Infekten einschließlich der bei diesen Krankheiten
  anzuwendenden
  - Schnupfenmittel
  - Schmerzmittel
  - hustendämpfenden und hustenlösenden Mittel
- Mund- und Rachentherapeutika, ausgenommen bei Pilzinfek-
  tionen
- Abführmittel
- Arzneimittel gegen Reisekrankheit

Wichtig: Der Ausschluss gilt auch für Heilmittel (vgl. dazu Seite 77 ff.), wenn sie im Anwendungsgebiet der ausgeschlossenen
Arzneimittel verwendet werden.

Eine Rechtsverordnung regelt den Ausschluss der Verordnungsfähigkeit von unwirtschaftlichen Arzneimitteln. Sie geht von drei
Gruppen nicht verordnungsfähiger unwirtschaftlicher Arzneimittel aus:

- Nicht erforderliche Bestandteile
- Viele arzneilich wirksame Bestandteile
- Nicht nachgewiesener therapeutischer Nutzen

Nicht erforderliche Bestandteile

Von der Versorgung sind solche Arzneimittel als unwirtschaftlich ausgeschlossen, die für das Therapieziel oder zur Minderung von Risiken nicht erforderliche Bestandteile enthalten. Das sind Arzneimittel, die einen oder mehrere der in einer Anlage zur Verordnung genannten arzneilich wirksamen Bestandteile enthalten und, wie in der Anlage näher beschrieben, mit anderen arzneilich wirksamen Bestandteilen kombiniert sind. Vorstehendes gilt nicht für Lokalanästhetika-Zusätze in Zubereitungen für Injektionen.

3 Ausgeschlossen sind ferner Arzneimittel mit einem oder mehreren der in einer Anlage zur Ausschluss-Verordnung genannten arzneilich wirksamen Bestandteile für die angegebene Therapierichtung, wenn sie neben diesen Bestandteilen weitere arzneilich wirksame Bestandteile enthalten.

Viele arzneilich wirksame Bestandteile

Von der Versorgung auf Kosten der Krankenkasse sind Arzneimittel als unwirtschaftlich ausgeschlossen, deren Wirkung wegen der Vielzahl der enthaltenen arzneilich wirksamen Bestandteile nicht mit ausreichender Sicherheit beurteilt werden kann. Das sind Arzneimittel, die mehr als drei arzneilich wirksame Bestandteile enthalten.

Vorstehendes gilt nicht für:

- Arzneimittel als ausschließlich homöopathische oder anthroposophische Zubereitungen oder mit ausschließlich phytotherapeutischen Bestandteilen

- medizinische Kunststoffe für chirurgische Eingriffe, Biomaterialien, Zahnfüllstoffe, Infusionslösungen, Sera, Impfstoffe und Blutbestandteile

- Arzneimittel, die ausschließlich zur Substitution von Aminosäuren, Vitaminen, Mineralstoffen oder Spurenelementen bestimmt und bei Mangelerkrankungen, therapiebedingtem Überbedarf oder bei oraler Rehydration bei akuten Durchfallerkrankungen notwendig sind

Nicht nachgewiesener therapeutischer Nutzen

Arzneimittel, die als unwirtschaftlich angesehen werden, weil ihr therapeutischer Nutzen nicht nachgewiesen ist, sind von der Verordnungsfähigkeit ausgeschlossen. Das sind Arzneimittel, die einen oder mehrere der in einer Anlage zur Verordnung genannten arzneilich wirksamen Bestandteile enthalten.

Die vom Gemeinsamen Bundesausschuss erlassenen Arzneimittel-Richtlinien enthalten weitere Regelungen über die Verordnungsfähigkeit von Arzneimitteln. Hier wird beispielsweise hervorgehoben, dass nicht jeder Krankheitszustand zur Behandlung die Anwendung eines Arzneimittels erfordert. Vielmehr soll der Arzt vor der Verordnung von Arzneimitteln prüfen, ob – entsprechend dem Gebot der Wirtschaftlichkeit – ein vergleichbarer Behandlungserfolg durch andere Maßnahmen (z. B. hygienische, diätetische) erreicht werden kann.

Wichtig: Von Ausnahmen abgesehen dürfen Arzneimittelverordnungen nur vorgenommen werden, wenn sich der behandelnde Arzt von dem Zustand des Versicherten überzeugt hat oder ihm der Zustand aus der Behandlung bekannt ist.

Nummer 17 der Arzneimittel-Richtlinien sieht Fälle vor, in denen – von den dort jeweils erwähnten Ausnahmen abgesehen – im Allgemeinen die Voraussetzungen für die Notwendigkeit einer entsprechenden Arzneimitteltherapie sowie deren therapeutischer Nutzen fehlen oder das Behandlungsziel ebenso durch nicht medikamentöse Maßnahmen erreicht werden kann. Hierunter fallen beispielsweise Mineralwässer, Abmagerungsmittel, Insekten-Abschreckmittel usw.

Nach § 34 Abs. 1 Satz 7 SGB V sind außerdem Arzneimittel ausgeschlossen, bei deren Anwendung eine Erhöhung der Lebensqualität im Vordergrund steht.

Ausgeschlossen sind insbesondere Arzneimittel, die überwiegend Folgendem dienen:

- Behandlung der erektilen Dysfunktion
- Anreizung sowie Steigerung der sexuellen Potenz
- Raucherentwöhnung

- Abmagerung
- Zügelung des Appetits
- Regulierung des Körpergewichts
- Verbesserung des Haarwuchses

Zuzahlungen

Versicherte, die das 18. Lebensjahr vollendet haben, leisten an die abgebende Stelle (Apotheke) zu jedem zulasten der gesetzlichen Krankenversicherung verordneten Arznei- und Verbandmittel eine Zuzahlung. Dabei sind 10 Prozent des Abgabepreises, mindestens 5 Euro und höchstens 10 Euro zu bezahlen. Es sind aber jeweils nicht mehr als die Kosten des Mittels zu entrichten.

Wichtig: Für Harn- und Blutteststreifen besteht keine Zuzahlungspflicht.

> **Praxis-Tipp:**
> Bei Überschreiten der sogenannten Belastungsgrenze entfallen die Zuzahlungen (vgl. dazu ab Seite 114).

Für viele Arzneimittel sind Festbeträge bestimmt worden. In solchen Fällen werden nur die Festbeträge abzüglich der vom Versicherten zu zahlenden Zuzahlungen erbracht.

Der Spitzenverband Bund der Krankenkassen muss für Arzneimittel, die nicht in eine Festbetragsgruppe einzubeziehen sind, Höchstbeträge festsetzen. Die Krankenkassen übernehmen die Kosten nur bei einem solchen Höchstbetrag.

Der Spitzenverband Bund der Krankenkassen kann Arzneimittel von Zuzahlungen freistellen, deren Apothekeneinkaufspreis einschließlich Mehrwertsteuer mindestens um 30 Prozent niedriger als der jeweils gültige Festbetrag ist. Für andere Arzneimittel, für die die Krankenkasse einen besonderen Rabattvertrag abgeschlossen hat, kann sie die Zuzahlung um die Hälfte ermäßigen oder aufheben. Voraussetzung ist, dass hieraus Einsparungen zu erwarten sind.

Medikationsplan

Das Gesetz für sichere digitale Kommunikation und Anwendungen im Gesundheitswesen sowie zur Änderung weiterer Gesetze vom 21.12.2015 hat mit Wirkung ab 01.10.2016 § 31a SGB V geschaffen. Diese Vorschrift sieht für Versicherte, die gleichzeitig mindestens drei verordnete Arzneimittel anwenden, einen Anspruch auf Erstellung und Aushändigung eines Medikationsplans in Papierform vor. Zuständig hierfür ist ein an der vertragsärztlichen Versorgung teilnehmender Arzt.

Näheres zu den Anspruchsvoraussetzungen auf einen Medikationsplan vereinbaren die Kassenärztliche Bundesvereinigung und der Spitzenverband Bund der Krankenkassen als Bestandteil der Bundesmantelverträge.

3

Wichtig: Jeder an der vertragsärztlichen Versorgung teilnehmende Arzt ist verpflichtet, bei der Verordnung eines Arzneimittels den Versicherten, der einen Anspruch auf einen Medikationsplan hat, über diesen Anspruch zu informieren.

Im Medikationsplan sind mit Anwendungshinweisen zu dokumentieren:

- alle Arzneimittel, die dem Versicherten verordnet wurden

- Arzneimittel, die der Versicherte ohne Verschreibung anwendet

- Hinweise auf Medizinprodukte, soweit sie für die Medikation relevant sind

Den besonderen Belangen der blinden und sehbehinderten Patienten ist bei der Erläuterung der Inhalte des Medikationsplans Rechnung zu tragen.

Der Arzt hat den Medikationsplan zu aktualisieren, sobald er die Medikation ändert oder er Kenntnis davon erlangt, dass eine anderweitige Änderung der Medikation eingetreten ist. Auf Wunsch des Versicherten hat die Apotheke bei Abgabe eines Arzneimittels eine insoweit erforderliche Aktualisierung des Medikationsplans vorzunehmen. Ab 01.01.2019 besteht der Anspruch auf Aktualisierung über den vorstehend geschilderten Anspruch hinaus gegenüber jedem an der vertragsärztlichen Versorgung teilnehmenden Arzt sowie gegenüber der abgebenden Apotheke, wenn der Versicherte gegenüber dem Arzt oder der abgebenden Apotheke den Zugriff auf die maßgebenden Daten erlaubt. Die Aktualisierungen sind über die elektronische Gesundheitskarte zu speichern, sofern der Versicherte dies wünscht.

Inhalt, Struktur und Vorgaben zur Erstellung und Aktualisierung des Medikationsplans sowie ein Verfahren zu seiner Fortschreibung vereinbaren die Kassenärztliche Bundesvereinigung, die Bundesärztekammer und die für die Wahrnehmung der wirtschaftlichen Interessen gebildete maßgebliche Spitzenorganisation der Apotheker auf Bundesebene im Benehmen mit dem Spitzenverband Bund der Krankenkassen und der Deutschen Krankenhausgesellschaft. Den auf Bundesebene für die Wahrnehmung der Interessen der Patienten und der Selbsthilfe chronisch kranker und behinderter Menschen maßgeblichen Organisationen ist Gelegenheit zur Stellungnahme zu geben.

Für die elektronische Verarbeitung und Nutzung der Daten des Medikationsplans ist die Vereinbarung erstmals bis zum 30.04.2017 so fortzuschreiben, dass Daten in den von Vertragsärzten zur Verordnung genutzten elektronischen Programmen und in den elektronischen Programmen der Apotheken einheitlich abgebildet und zur Prüfung der Arzneimitteltherapiesicherheit genutzt werden können.

Heilmittel

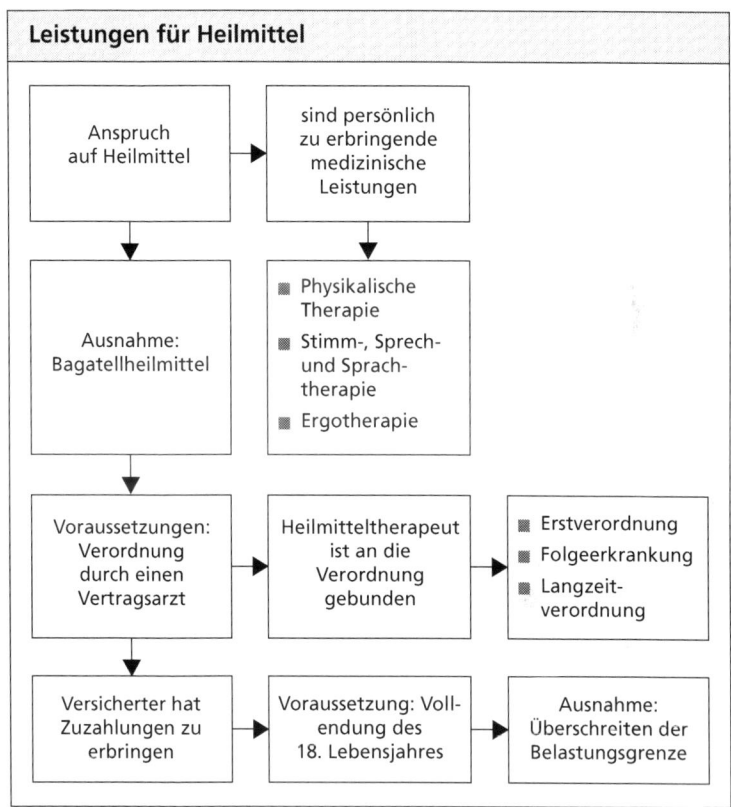

Leistungen für Heilmittel

Anspruch auf Heilmittel → sind persönlich zu erbringende medizinische Leistungen

Ausnahme: Bagatellheilmittel

- Physikalische Therapie
- Stimm-, Sprech- und Sprachtherapie
- Ergotherapie

Voraussetzungen: Verordnung durch einen Vertragsarzt → Heilmitteltherapeut ist an die Verordnung gebunden →

- Erstverordnung
- Folgeerkrankung
- Langzeitverordnung

Versicherter hat Zuzahlungen zu erbringen → Voraussetzung: Vollendung des 18. Lebensjahres → Ausnahme: Überschreiten der Belastungsgrenze

3

Physikalische Therapie

Nach den hier maßgebenden Heilmittel-Richtlinien entfalten Maßnahmen der physikalischen Therapie ihre Wirkung insbesondere nach physikalisch-biologischem Prinzip durch überwiegend von außen vermittelte kinetische, mechanische, elektrische und thermische Energie. Bei Bädern und Inhalationen können auch chemische Inhaltsstoffe mitwirken.

Die Maßnahmen der Physikalischen Therapie unterscheiden sich:

- Massagetherapie
- Bewegungstherapie
  - Übungsbehandlung
  - Chirogymnastik
  - Allgemeine Krankengymnastik
  - Gerätegestützte Krankengymnastik
  - Krankengymnastik in Sonderfällen

3

- Traktionsbehandlung (Einzeltherapie als mechanischer apparativer Zug zur Entlastung komprimierter Nervenwurzeln und Gelenkstrukturen)
- Elektrotherapie
- Kohlensäurebäder
- Inhalationstherapie
- Thermotherapie (Wärme-/Kältetherapie)
- Standardisierte Kombinationen von Maßnahmen der Physikalischen Therapie (z. B. bei komplexen Schädigungsbildern unter bestimmten Voraussetzungen)

Stimm-, Sprech- und Sprachtherapie

Die Maßnahmen der Stimm-, Sprech- und Sprachtherapie entfalten ihre Wirkung auf phoniatrischen und neurophysiologischen Grundlagen und dienen dazu,

- Kommunikationsfähigkeit
- Stimmgebung
- Sprechen
- Sprache und
- Schluckakt

bei krankheitsbedingten Störungen

- wiederherzustellen,

- zu verbessern oder

- eine Verschlimmerung zu vermeiden.

Achtung: Maßnahmen der Stimm-, Sprech- und Sprachtherapie dürfen bei Kindern nicht verordnet werden, wenn an sich störungsbildspezifische sonderpädagogische/heilpädagogische Maßnahmen zur Beeinflussung einer Sprachstörung geboten sind. Sind sprachheilpädagogische Maßnahmen nicht durchführbar, dürfen Maßnahmen der Sprachtherapie nicht an deren Stelle verordnet werden. Neben sprachheilpädagogischen Maßnahmen darf die Stimm-, Sprech- und Sprachtherapie nur bei entsprechender medizinischer Indikation verordnet werden.

3

Ergotherapie

Die Maßnahmen der Ergotherapie (Beschäftigungs- und Arbeitstherapie) dienen der Wiederherstellung, Entwicklung, Verbesserung, Erhaltung oder Kompensation der krankheitsbedingt gestörten motorischen, sensorischen, physischen und kognitiven Funktionen und Fähigkeiten.

Nicht verordnungsfähige Heilmittel

In einem Anhang zu den Heilmittel-Richtlinien werden die einzelnen Heilmittel den Indikationen zugeordnet. Dieser listet zudem auf, welche Heilmittel von der Verordnungsfähigkeit ausgeschlossen sind.

Maßnahmen ohne nachgewiesenen therapeutischen Nutzen
- Hippotherapie
- Isokinetische Muskelrehabilitation
- Höhlentherapie
- Musik- und Tanztherapie
- Magnetfeldtherapie ohne Verwendung implantierter Spulen (Magnetfeldgeräte zur Anwendung bei der invasiven Elektroosteostimulation unterliegen den Regelungen über die Verordnung von Hilfsmitteln)

- Fußreflexzonenmassage
- Akupunkturmassage
- Atlas-Therapie nach Arlen
- Mototherapie
- Zilgrei-Methode
- Atemtherapie nach Middendorf

3

Indikationen, bei denen der Einsatz von Maßnahmen, deren therapeutischer Nutzen nachgewiesen ist, nicht anerkannt ist

- Entwicklungsbedingte Sprechunflüssigkeit im Kindesalter
- Stimmtherapie bei nicht krankhaftem Verlauf des Stimmbruchs
- Alle psychotherapeutischen Behandlungsformen, die Regelungsgegenstand der Psychotherapie-Richtlinien sind
- Störungen wie Lese- und Rechtschreibschwäche, sonstige isolierte Lernstörungen

Maßnahmen, die der persönlichen Lebensführung zuzuordnen sind

- Massage des ganzen Körpers (Ganz- bzw. Vollmassagen)
- Massage mittels Gerät/Unterwassermassage mittels automatischer Düsen
- Teil- und Wannenbäder, soweit sie nicht nach den Vorgaben des Heilmittelkataloges verordnungsfähig sind
- Sauna, römisch-irische und russisch-römische Bäder
- Schwimmen und Baden, auch in Thermal- und Warmwasserbädern
- Maßnahmen, die der Veränderung der Körperform (z. B. Bodybuilding) oder dem Fitness-Training dienen
- Maßnahmen, die ausschließlich der Anreizung, Verstärkung und Befriedigung des Sexualtriebs dienen sollen

Langfristiger Behandlungsbedarf

Der Gemeinsame Bundesausschuss regelt bis zum 30.06.2016 in einer Richtlinie das Nähere zur Heilmittelversorgung von Versicherten mit langfristigem Behandlungsbedarf. Insbesondere hat er zu bestimmen, wann ein „langfristiger Behandlungsbedarf" vorliegt. Er hat außerdem festzulegen, ob und inwieweit ein Genehmigungsverfahren durchzuführen ist. Ist in der Richtlinie ein Genehmigungsverfahren vorgesehen, so ist über die Anträge innerhalb von vier Wochen zu entscheiden. Ansonsten gilt die Genehmigung nach Fristablauf als erteilt. Soweit zur Entscheidung ergänzende Informationen des Antragstellers erforderlich sind, ist der Lauf der Frist bis zum Eingang dieser Informationen unterbrochen.

3

Zuzahlungen

Versicherte, die das 18. Lebensjahr vollendet haben, haben zu den Kosten der Heilmittel eine Zuzahlung von 10 Prozent der Kosten sowie 10 Euro je Verordnung an die abgebende Stelle zu leisten.

Wichtig: Die Zuzahlungen sind nur bis zur Überschreitung der Belastungsgrenze zu zahlen (vgl. Seite 114 ff.).

Hilfsmittel

Leistungen für Hilfsmittel

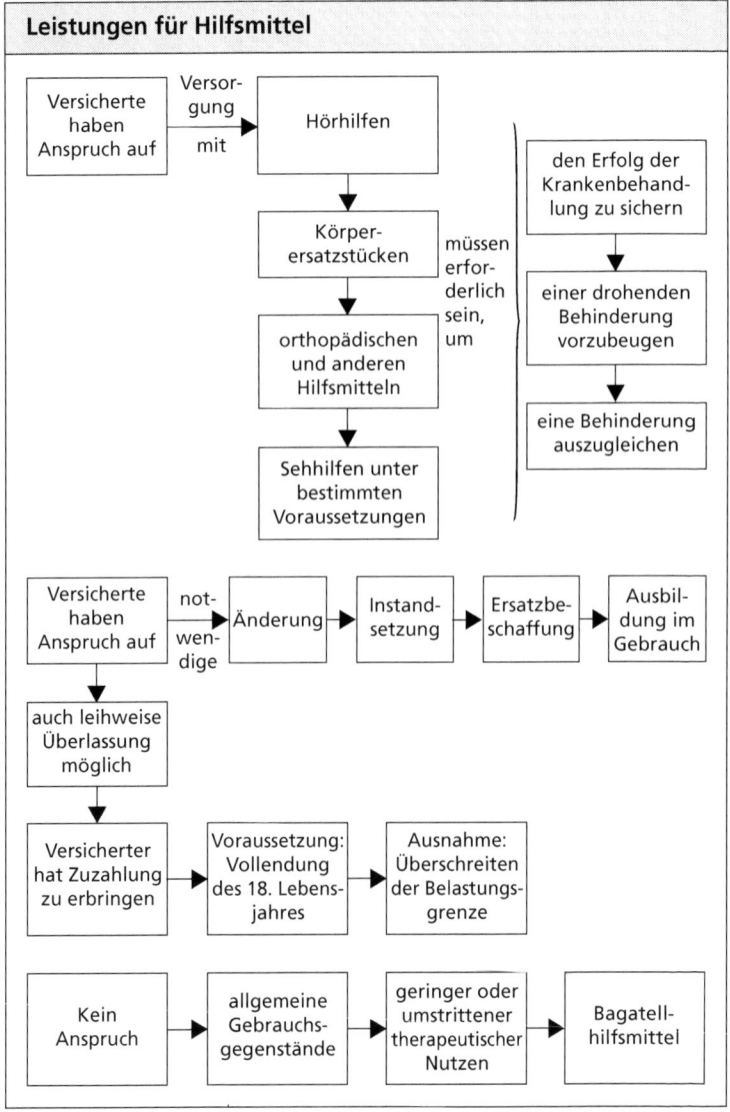

Wichtig: Die Spitzenverbände der Krankenkassen haben ein Hilfsmittelverzeichnis erstellt. Eine Leistungsgewährung kommt nur infrage, wenn das betreffende Mittel im Verzeichnis enthalten ist.

Zudem ist eine Versorgung mit Hilfsmitteln zum Behinderungsausgleich bei stationärer Pflege vorgesehen.

Sehhilfen

Der Anspruch auf Sehhilfen besteht nur bis zur Vollendung des 18. Lebensjahres. Für ältere Versicherte besteht ein solcher Anspruch lediglich, wenn sie aufgrund ihrer Sehschwäche oder Blindheit, entsprechend der von der Weltgesundheitsorganisation empfohlenen Klassifikation des Schweregrades der Sehbeeinträchtigung auf beiden Augen eine schwere Sehbeeinträchtigung mindestens der Stufe 1 aufweisen.

Anspruch auf therapeutische Sehhilfen besteht, wenn diese der Behandlung von Augenverletzungen oder -erkrankungen dienen.

Der Gemeinsame Bundesausschuss bestimmt in seinen Hilfsmittel-Richtlinien, bei welchen Indikationen therapeutische Sehhilfen verordnet werden. Der Anspruch auf Sehhilfen umfasst nicht die Kosten des Brillengestells.

Eine Sehhilfe soll nur verordnet werden, wenn sie der Verbesserung der Sehschärfe oder der Behebung bzw. Linderung eines anderen Krankheitszustands dient.

Als Sehhilfen kommen infrage:

- Brillengläser
- Kontaktlinsen
- andere Sehhilfen (z. B. Lupen, Lupenbrillen, Fernrohrbrillen, elektronisch vergrößernde Sehhilfen)

Im Übrigen kann die Refraktionierung (Sehschärfenbestimmung) auch durch Augenoptiker vorgenommen werden. Für die Praxis hat das zur Folge, dass der Versicherte sich nicht unbedingt vom Arzt die Brille verordnen lassen muss. Er kann die Sehschärfenbestimmung vielmehr vom Optiker vornehmen lassen.

Verweisung an den Arzt

Aus einer entsprechenden Vereinbarung zwischen den Bundesverbänden der Krankenkassen und dem Zentralverband der Augenoptiker ergibt sich, dass der Augenoptiker in folgenden Fällen den Versicherten an den Arzt verweisen soll:

- Dem Optiker ist bekannt, dass sich der Betreffende in augenärztlicher Behandlung befindet.

- Der Optiker vermutet eine Augenkrankheit.

- Die betreffende Person ist hochgradig kurzsichtig.

- Es handelt sich um ein Kind, bei dem noch keine augenärztliche Untersuchung vorgenommen wurde.

- Die Sehschärfe des Betroffenen hat plötzlich nachgelassen.

Außerdem ist die Verweisung an den Arzt zu erwägen, wenn mit voll korrigierenden Gläsern keine normale Sehschärfe erreicht wird.

Folgegläser können bei Versicherten, die das 14. Lebensjahr vollendet haben, nur verordnet werden, wenn sich die Gläserstärke um mindestens 0,5 dpt geändert hat. Eine Änderung der Gläserstärke um 0,5 dpt liegt auch dann vor, wenn die Gläserstärke für das eine Auge um 0,25 dpt zugenommen und die für das andere Auge um 0,25 dpt abgenommen hat. Bei Kurzsichtigkeit ist eine Verordnung auch dann möglich, wenn sich mit den Folgegläsern eine Verbesserung der Sehschärfe um mindestens 20 Prozent erzielen lässt. Anstelle von Fern- und/oder Nahgläsern können Bifokalgläser ggf. mit Planglasanteil verordnet werden, sofern die Notwendigkeit zum ständigen Tragen der Brille eine solche Ausstattung erforderlich macht.

Lichtschutzgläser, das heißt Gläser mit einer 75-prozentigen Transmission (Durchlässigkeit) oder weniger können beispielsweise bei totaler Farbenblindheit, bei Albinismus, bei unerträglichen Blendungserscheinungen, bei praktischer Blindheit verordnet werden.

Kunststoffgläser können beispielsweise bei Kindern im Vorschulalter, unabhängig von der Gläserstärke, bei Kindern bis zum 4. Lebensjahr ab +/- 5,0 dpt verordnet werden. Das Gleiche gilt etwa bei Patienten mit chronischem Druckekzem der Nase, mit Fehlbildungen oder Missbildungen des Gesichts, insbesondere im Nasen- und Ohrenbereich, wenn trotz anatomisch geeigneter Brillenfassung und bei Verwendung mineralischer Gläser ein befriedigender Sitz der Brille nicht gewährleistet ist. Kunststoffgläser können auch bei Brillen verordnet werden, die im Rahmen der Schulpflicht für die Teilnahme am Schulsport erforderlich sind.

Nicht verordnungsfähige Gläser

Nicht verordnungsfähig sind:

- fototrope Gläser

- entspiegelte Gläser

- asphärische Gläser, ausgenommen asphärisch organische Lentikular-/Stargläser

- hochbrechende organische Gläser

- hochbrechende mineralische Gläser, ausgenommen bei einer Myopie ab -15 dpt; in diesen Fällen sind Gläser nur mit einem Brechungsindex bis maximal 1,7 verordnungsfähig

- mineralische oder organische Lentikulargläser, ausgenommen ab einer Brechkraftstörung von +/- 12 dpt

- hochbrechende Lentikulargläser

- Trifokalgläser (Drei-Stärken-Gläser), ausgenommen wenn die Akkomodationsbreite den Wert von 1,5 dpt nicht erreicht

- Gleitsichtgläser, ausgenommen als Ergänzung zu Kontaktlinsen (beachten Sie dazu die noch folgenden Ausführungen) bei Aphakie bzw. Pseudophakie bis zum 60. Lebensjahr

- Gläser und Folien mit prismatischer Wirkung sind nur verordnungsfähig, wenn sie zur Behandlung oder Behebung von Beschwerden erforderlich sind, die durch krankhafte Störungen in der sensorischen und motorischen Zusammenarbeit der Augen ausgelöst werden. Das setzt in jedem Fall eine umfassende augenärztliche orthoptisch-pleoptische Diagnostik voraus. Isolierte Ergebnisse einer subjektiven Heterophorie-Testmethode begründen keine Verordnungsfähigkeit von Folien und Gläsern mit prismatischer Wirkung. Ausgleichs-Prismen bei übergroßen Brillenglasdurchmessern sind nicht verordnungsfähig.

- Brillengläser für die Tätigkeit an Bildschirmarbeitsplätzen

- Brillengläser für Sportbrillen, es sei denn, sie sind für die Teilnahme am Schulsport im Rahmen der Schulpflicht erforderlich

- Brillengläser für eine sogenannte Zweitbrille, deren Korrektionsstärken den bereits vorhandenen Gläsern entsprechen (Mehrfachverordnung). Das gilt auch für Brillengläser, die für eine Reservebrille (z. B. aus Gründen der Verkehrssicherheit) oder für den Schutz am Arbeitsplatz benötigt werden.

- besondere Vorkehrungen an der Brille, die ausschließlich den Zwecken der Unfallverhütung dienen (z. B. Mehrkosten für Kunststoffgläser, Seitenschutz)

- Brillenfassung – wie oben bereits erwähnt, ausgenommen bei Systemträgern für Fernrohrlupenbrillen

Wichtig: Bei Brillengläsern für Tätigkeiten an Bildschirmarbeitsplätzen besteht in der Regel Anspruch gegen den Arbeitgeber.

Kontaktlinsen

Anspruch auf Versorgung mit Kontaktlinsen besteht nur in medizinisch zwingend erforderlichen Ausnahmefällen. Der Gemeinsame Bundesausschuss hat in seinen Hilfsmittel-Richtlinien genau aufgeführt, wann eine Verordnung von Kontaktlinsen auf Kassenkosten infrage kommt. Das ist zum Beispiel als Verbandlinse (Verbandschale) bei schwerer Erkrankung der Hornhaut, bei durchbohrender Hornhautverletzung oder bei Einsatz als Medikamententräger möglich. Eine Verordnung von Kontaktlinsen kommt außerdem bei irregulärem Astigmatismus infrage, wenn damit eine um mindestens 20 Prozent verbesserte Sehstärke gegenüber Brillengläsern erreicht wird.

In den Hilfsmittel-Richtlinien wird darauf hingewiesen, dass bei der Versorgung mit Kontaktlinsen in der Regel die Verordnung von formstabilen, gasdurchlässigen Linsen angezeigt ist.

Achtung: Die Verordnung flexibler (weicher) Kontaktlinsen bedarf einer besonderen Begründung, wobei ein ausreichender Trageversuch mit formstabilen Linsen durchgeführt worden sein soll.

Da Kontaktlinsen aus medizinischen Gründen nicht ununterbrochen getragen werden können, ist bei verordneten Kontaktlinsen die zusätzliche Verordnung von Brillengläsern möglich. Bei Alterssichtigkeit sind ggf. zusätzliche Brillengläser verordnungsfähig.

Wählen Versicherte statt einer erforderlichen Brille Kontaktlinsen und liegen die Voraussetzungen für ihren Anspruch nicht vor, zahlt die Krankenkasse als Zuschuss zu den Kosten von Kontaktlinsen höchstens den Betrag, den sie für eine erforderliche Brille aufzuwenden hätte.

3

Wichtig: Die Kosten der Reinigungs- und Pflegemittel für Kontaktlinsen werden nicht von der Krankenkasse übernommen.

Hörhilfen

Zu den Hörhilfen gehören Hörgeräte und andere Hörhilfen (z. B. Mikroportanlagen, Knochenleitungsgeräte). Sie kommen in Betracht, wenn ein nutzbringender Hörgewinn erzielt werden kann.

Die Versorgung kann beidohrig erfolgen, wenn

- die auditive Kommunikationsbehinderung beidseitig effektiv versorgbar ist,

- zu erwarten ist, dass beide Hörgeräte durch den Patienten gleichzeitig benutzt werden können,

- die Fähigkeit zur sachgerechten Bedienung von zwei Hörgeräten beim Patienten vorhanden ist und

- durch die beidohrige Versorgung gegenüber der einohrigen Versorgung das Sprachverstehen im Störgeräusch um mindestens 10 Prozent steigt oder das Richtungshören verbessert wird.

Die Hilfsmittel-Richtlinien des Gemeinsamen Bundesausschusses sehen eine Sonderversorgung, insbesondere mit Taschengeräten und Hörbrillen vor. Außerdem gibt es CROS-Geräte (Contralateral Routing of Signals = Leitung des Schallsignals von einer Kopfseite zur anderen).

Besonderheiten gibt es auch bei der Hörgeräte-Versorgung im Kindesalter. So ist bei Kindern unter besonderen Umständen eine Hörgeräte-Versorgung schon bei geringgradiger Schwerhörigkeit erforderlich, beispielsweise wenn das Sprachverständnis bei Störgeräuschen in der Umgebung deutlich eingeschränkt ist. Eine Hörgeräte-Versorgung ist bei Kindern auch dann vorzunehmen, wenn keine oder nur geringe Hörreste feststellbar sind. Selbst wenn jegliche Hörreste fehlen, soll die Versorgung als Therapieversuch erfolgen.

3

Körperersatzstücke

Mithilfe von Körperersatzstücken wird ein von Geburt an nicht vorhandener oder ein verloren gegangener Körperteil ersetzt (z. B. Arm- und Beinprothese). Beim Fehlen von Körperteilen sind in jedem Fall die Voraussetzungen für die Gewährung von Hilfsmitteln erfüllt, sofern ein Ersatz medizinisch erforderlich und technisch möglich ist.

Orthopädische Hilfsmittel

Orthopädische Hilfsmittel sind dazu bestimmt, den Zwecken der orthopädischen Behandlung zu dienen, um die Behandlung zu fördern oder den Behandlungserfolg zu sichern oder zu stabilisieren. Orthopädische Hilfsmittel müssen demnach noch vorhandene, aber fehlgebildete Körperteile in ihre natürliche Lage oder Form bringen oder sie in ihrer Funktion stützen oder unterstützen. Als orthopädische Hilfsmittel kommen beispielsweise orthopädische Schuhe, Orthesen sowie Stützvorrichtungen jeder Art in Betracht.

Andere Hilfsmittel

Anders als die bisher genannten Hilfsmittel wirken einige Hilfsmittel nicht ständig und unmittelbar am menschlichen Körper. Gleichwohl handelt es sich um Hilfsmittel, wenn sie der medizinischen Zielsetzung dienen.

Zu dieser Gruppe von Hilfsmitteln gehören zum Beispiel Orientierungshilfen für Blinde, Krankenfahrzeuge und andere Mobilitätshilfen, Applikationshilfen sowie Hilfsmittel zum An- und

Auskleiden, zur Nahrungsaufnahme, zum Lesen, zum Sprechen, zur Verständigung und für den hygienischen Bereich.

Ferner fallen Geräte zur Messung von Körperzuständen unter diesen Begriff.

Wichtig: Eine Leistungspflicht der Krankenkassen besteht nur, wenn das jeweilige Gerät zur dauernden selbstständigen Überwachung des Krankheitsverlaufs und/oder zur selbstständigen sofortigen Anpassung der Medikation aus medizinischen Gründen zwingend erforderlich ist. Der Versicherte muss sich ferner zur Selbstmessung eignen, mit Erfolg den Gebrauch des Geräts unter Anleitung des Arztes erlernt haben und in der Auswertung der Ergebnisse unterwiesen worden sein.

3

Gebrauchsgegenstände

Das sind Hilfen zur sozialen und beruflichen Wiedereingliederung.

Neben den Hilfsmitteln, die unmittelbar bei der Behinderung selbst ansetzen und einen möglichst weitgehenden Funktionsausgleich herbeiführen sollen, sind – namentlich bei Schwerstbehinderten – oft weitere Hilfen erforderlich, um die Eingliederung in das private, gesellschaftliche und berufliche Leben zu fördern. Solche Hilfen richten sich im Gegensatz zu den Hilfsmitteln auf das Umfeld des Behinderten, auf den privaten Haushalt, auf Arbeit und Beruf sowie Leben in der Gemeinschaft und setzen bei den Folgen der Behinderung an.

Die gesetzliche Krankenversicherung ist für derartige Hilfen nicht zuständig. Hier können andere Sozialleistungsträger, wie etwa die gesetzliche Rentenversicherung, die gesetzliche Unfallversicherung oder die Pflegeversicherung zuständig sein.

Zu den Gebrauchsgegenständen des täglichen Lebens zählen die Mittel, die allgemein Verwendung finden und üblicherweise von einer großen Zahl von Personen benutzt werden bzw. in einem Haushalt vorhanden sind. Diese Gebrauchsgegenstände, teilweise auch als Alltagshilfen für Behinderte bezeichnet, begründen in keinem Fall eine Leistungsverpflichtung der gesetzlichen Krankenversicherung.

Dazu gehören zum Beispiel technische Geräte, wie Elektromesser, elektrischer Dosenöffner, sowie praktische Hilfen, wie Stiefelknecht, verlängerte Schuhanzieher und dergleichen.

Die Eigenschaft als Gebrauchsgegenstand geht nicht schon dadurch verloren, dass dieser durch gewisse Veränderungen oder durch eine bestimmte Qualität oder Eigenschaft behindertengerecht gestaltet wird.

Ausnahmen

Anders verhält es sich, wenn der Gegenstand seinem Wesen nach ein Hilfsmittel ist, das heißt die Aufgabe hat, natürliche Körperfunktionen zu ersetzen. Dieser Gegenstand verliert die Eigenschaft als Hilfsmittel nicht allein deshalb, weil er auch als Gebrauchsgegenstand des täglichen Lebens dient.

So kann beispielsweise ein besonders geformtes Essbesteck oder eine Esshilfe für Bewegungsbehinderte gleichzeitig Gebrauchsgegenstand und Hilfsmittel sein. In einem solchen Fall beschränkt sich die Leistungspflicht der Krankenkasse auf das eigentliche Hilfsmittel.

Wichtig: Die fehlende reale Trennbarkeit ist kein Hindernis, Hilfsmittel und Gebrauchsgegenstand wirtschaftlich zu unterscheiden. Auf eine solche Prüfung kann allerdings unter ökonomischen Gesichtspunkten verzichtet werden, wenn sie mit hohem Aufwand verbunden wäre.

Inhalt der Leistung

Die Zielsetzung einer Ausstattung mit Hilfsmitteln, die häufig über den engen medizinischen Zweck hinausgeht, erfordert es, dass bei der Auswahl der Hilfsmittel auf die individuellen Bedürfnisse und Verhältnisse des Versicherten Rücksicht genommen wird. Gerade bei Schwerstbehinderten ist es Aufgabe der Krankenkassen – ggf. unter Einschaltung von entsprechenden qualifizierten Ärzten und Fachdiensten – den erforderlichen Inhalt der Hilfsmittelausstattung sorgfältig prüfen zu lassen und für die zeitgerechte Lieferung von funktionsfähigen und passfähigen Hilfsmitteln zu sorgen.

Praxis-Tipp:

In vielen Fällen veranlassen die Krankenkassen eine Begutachtung durch den Medizinischen Dienst. Dieser hat die Versicherten zu beraten und mit den orthopädischen Versorgungsstellen zusammenzuarbeiten. Achten Sie hier besonders darauf, dass entsprechende Begründungen Ihres behandelnden Arztes (Orthopäden) vorliegen.

Gegen Entscheidungen der Krankenkassen über die Ablehnung von Hilfsmitteln können Sie Widerspruch und Klage erheben.

3

Hilfsmittel sind grundsätzlich in einfacher Stückzahl zu gewähren. Jedoch sollte eine Mehrfachausstattung vorgenommen werden, wenn das Hilfsmittel aus hygienischen Gründen ständig oder häufiger gewechselt werden muss. Ferner ist eine Mehrfachausstattung mit einem typengleichen Hilfsmittel angezeigt, wenn sich dies wegen der besonderen Beanspruchung durch den Versicherten als zweckmäßig und wirtschaftlich erweist.

Die Krankenkasse muss das Hilfsmittel in einem gebrauchsfertigen Zustand zur Verfügung stellen und ggf. die Montagekosten übernehmen.

Zubehörteile, ohne die das Hilfsmittel nicht oder nicht zweckentsprechend betrieben werden kann, fallen ebenfalls in die Leistungspflicht der Krankenkasse (z. B. verschiedene Zubehörteile zum Krankenfahrzeug wie Fellsack als Wärmeschutz, Sitzkissen, Regenschutzdecke). Für einen Blindenführhund hat die Krankenkasse die Unterhaltskosten zu tragen.

Betriebs- und Pflegekosten sind grundsätzlich dem Bereich der allgemeinen Lebenshaltung des Versicherten zuzuordnen. Hierzu gehört etwa die Reinigung von Hilfsmitteln und der Stromverbrauch bei Anschluss eines Hilfsmittels oder Batterieladegeräts an das Stromnetz.

Batterien für Hörgeräte sind von den Krankenkassen zu bezahlen, wenn die Versicherten das 18. Lebensjahr noch nicht vollendet haben.

Die Krankenkasse kann den Versicherten die erforderlichen Hilfsmittel auch leihweise überlassen. Sie kann die Bewilligung von Hilfsmitteln davon abhängig machen, dass die Versicherten sich die Hilfsmittel anpassen oder sich in ihrem Gebrauch ausbilden lassen.

Sind für Hilfsmittel Festbeträge festgelegt, übernimmt die Krankenkasse die Kosten dieser Festbeträge.

Zuzahlung bei Hilfsmitteln

Versicherte, die das 18. Lebensjahr vollendet haben, leisten zu jedem zulasten der gesetzlichen Krankenversicherung verordneten Hilfsmittel als Zuzahlung

- 10 Prozent des Abgabepreises,

- mindestens 5 Euro und höchstens 10 Euro,

- allerdings jeweils nicht mehr als die Kosten des Mittels.

Im Fall der Überschreitung der Belastungsgrenze (vgl. Seite 114 ff.) entfallen die Zuzahlungen.

Die Zuzahlung bei zum Verbrauch bestimmten Hilfsmitteln beträgt 10 Prozent des insgesamt von der Krankenkasse zu übernehmenden Betrags. Höchstens sind jedoch 10 Euro für den gesamten Monatsbedarf zuzuzahlen.

Häusliche Krankenpflege

Leistungen zur häuslichen Krankenpflege

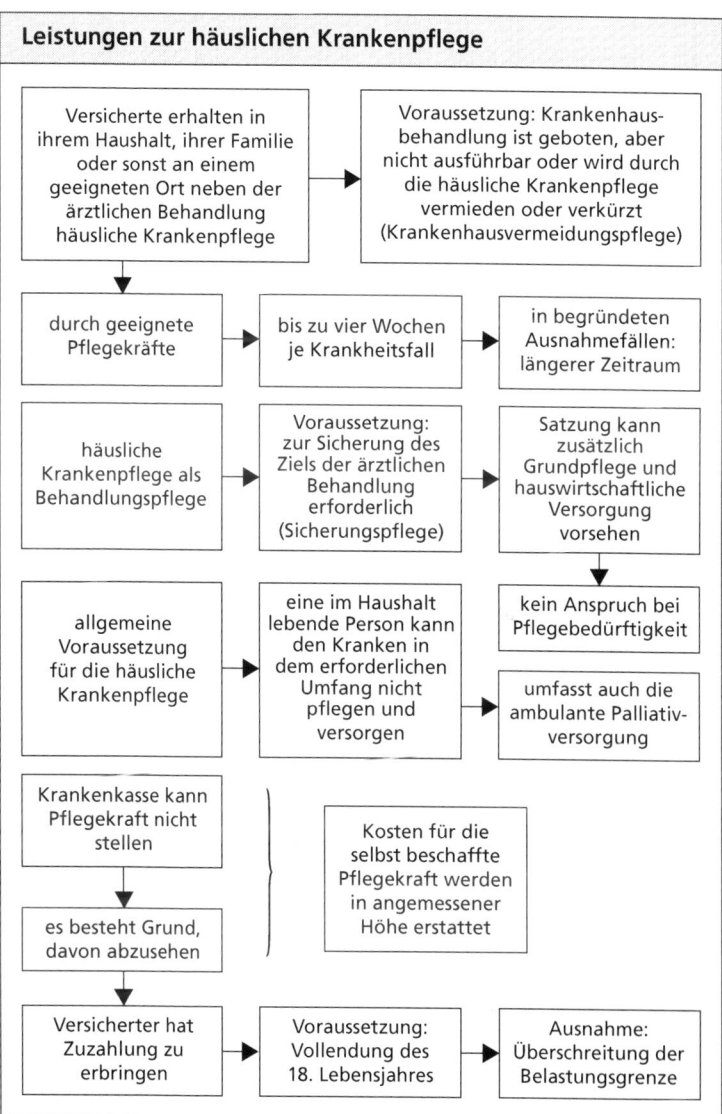

3

Die Voraussetzung, dass die häusliche Krankenpflege im Haushalt oder in der Familie des Versicherten zu erbringen ist, ist auch erfüllt, wenn der Versicherte bei einem Angehörigen wohnt. Gleiches gilt, wenn er während der Dauer der Notwendigkeit häuslicher Krankenpflege von einem Angehörigen in dessen Haushalt aufgenommen wird. Zu den Angehörigen in diesem Sinne gehören neben dem Ehegatten alle Verwandten und Verschwägerten des Versicherten.

Häusliche Krankenpflege wird darüber hinaus an einem „sonst geeigneten Ort" gewährt. Vom Gesetzgeber gemeint sind hier insbesondere betreute Wohnformen, Schulen und Kindergärten. Bei besonders hohem Pflegebedarf ist die Leistungsgewährung auch in Werkstätten für behinderte Menschen möglich. Näheres bestimmen die Richtlinien des Gemeinsamen Bundesausschusses.

Seit 01.01.2016 erhalten Versicherte nach § 37 Abs. 1a SGB V an geeigneten Orten im vorstehenden Sinne wegen schwerer Krankheit oder akuter Verschlimmerung einer Krankheit die erforderliche Grundpflege und hauswirtschaftliche Versorgung. Insbesondere erfolgt dies nach:

- einem Krankenhausaufenthalt
- einer ambulanten Operation
- einer ambulanten Krankenhausbehandlung

Der Anspruch besteht, soweit keine Pflegebedürftigkeit im Sinne der Pflegeversicherung vorliegt. In den vorstehenden Fällen besteht der Anspruch bis zu vier Wochen je Krankheitsfall. In begründeten Ausnahmenfällen kann die Krankenkasse die häusliche Krankenpflege für einen längeren Zeitraum bewilligen, wenn der MDK festgestellt hat, dass dies aus den angesprochenen Gründen erforderlich ist.

Wie aus dem Schaubild hervorgeht, gibt es im Übrigen zwei Arten häuslicher Krankenpflege:

- nicht ausführbare Krankenhausbehandlung und Krankenhausvermeidungspflege
- Sicherungspflege

Nicht ausführbare Krankenhausbehandlung, Krankenhausvermeidungspflege

Die Gründe, dass eine Krankenhausbehandlung nicht ausführbar ist, können sowohl in der Person des Versicherten als auch im stationären Bereich (Bettenmangel) liegen.

Da Krankenhausbehandlung nur beansprucht werden kann, wenn das Behandlungsziel durch ambulante Behandlung und häusliche Krankenpflege nicht erreicht werden kann, sollten vor einer Kostenübernahme der Krankenhausbehandlung die Möglichkeiten zur häuslichen Krankenpflege festgestellt werden. Das kann beispielsweise durch Einschalten des Sozialen Dienstes in Abstimmung mit dem behandelnden Arzt oder des MDK geschehen.

Die Spitzenverbände der Krankenversicherungsträger haben in ihrem gemeinsamen Rundschreiben zur häuslichen Krankenpflege ausgeführt, dass die Leistung auch dann zu gewähren ist, wenn die Notwendigkeit der stationären Behandlung im gegenwärtigen Zeitpunkt zwar noch nicht gegeben ist, jedoch ohne Gewährung häuslicher Krankenpflege unmittelbar bevorstünde.

Wird eine Krankenhausbehandlung durchgeführt, wirken die Krankenkassen unter Hinweis auf die Möglichkeit der häuslichen Krankenpflege in allen medizinisch vertretbaren Fällen auf eine frühzeitige Entlassung hin. Sie arbeiten dabei vor allem mit dem Krankenhaus und dem Vertragsarzt zusammen. Durch Kontaktaufnahme, zum Beispiel mit der Sozialstation, ist die Rückkehr des Versicherten in seinen Haushalt vorzubereiten.

Hier wird dann die zweite Möglichkeit der Leistung der häuslichen Krankenpflege verwirklicht, nämlich die Verkürzung der Krankenhausbehandlung.

Sicherungspflege

Die häusliche Krankenpflege kann als Sicherungspflege verordnet werden, wenn die ambulante vertragsärztliche Versorgung lediglich mit Unterstützung durch Maßnahmen der häuslichen Krankenpflege durchgeführt werden kann.

Praxis-Tipp:

Häusliche Krankenpflege kann nur mittels einer ärztlichen Verordnung beantragt werden. Voraussetzung für die Verordnung ist, dass sich der Vertragsarzt von dem Zustand des Kranken und der Notwendigkeit häuslicher Krankenpflege persönlich überzeugt hat oder ihm beides aus der laufenden Behandlung bekannt ist.

Kann eine im Haushalt des Versicherten lebende Person die erforderliche(n) Maßnahme(n) durchführen und ist dies dem Vertragsarzt bekannt, hat die Verordnung zu unterbleiben, ebenso wenn die im Haushalt des Patienten lebende Person Teilbereiche der häuslichen Krankenpflege durchführen kann.

Ist Letzteres nach Einschätzung des Arztes nicht möglich, hat er dies auf der Verordnung entsprechend anzugeben.

Die vom Versicherten durch Vorlage der vertragsärztlichen Verordnung beantragten Leistungen bedürfen der Genehmigung durch die Krankenkasse.

Im Rahmen des Genehmigungsverfahrens können die Krankenkassen den MDK mit der Prüfung der verordneten Maßnahmen beauftragen. Werden verordnete Maßnahmen nicht oder nicht in vollem Umfang genehmigt, hat die Krankenkasse den Vertragsarzt über die Gründe zu informieren. Natürlich muss sie die Ablehnung selbst gegenüber dem Versicherten aussprechen.

Wichtig: Gegen eine solche – negative – Entscheidung der Krankenkasse können Sie Widerspruch einlegen und – wenn der Widerspruch zurückgewiesen wird – Klage einreichen.

Inhalt der Leistungen

Die beiden Leistungsarten unterscheiden sich auch vom Inhalt der Leistung her. So umfasst die Krankenhausvermeidungspflege grundsätzlich:

- Behandlungspflege
- Grundpflege
- Hauswirtschaftliche Versorgung

Dagegen ist Inhalt der Sicherungspflege die Behandlungspflege. Die Satzung der Krankenkasse kann aber als Mehrleistung bestimmen, dass die Krankenkasse auch Grundpflege und hauswirtschaftliche Versorgung bei der Sicherungspflege erbringt. Dabei kann die Satzung Dauer und Umfang der Grundpflege und der hauswirtschaftlichen Versorgung vorschreiben.

Die Mehrleistung ist unzulässig, wenn Pflegebedürftigkeit im Sinne der sozialen Pflegeversicherung vorliegt.

3

Die Begriffe Behandlungspflege, Grundpflege und hauswirtschaftliche Versorgung werden durch die Spitzenverbände der Krankenkassen in ihrem Gemeinsamen Rundschreiben zur häuslichen Krankenpflege erläutert.

Zusammenfassend gelten hier folgende Definitionen:

3

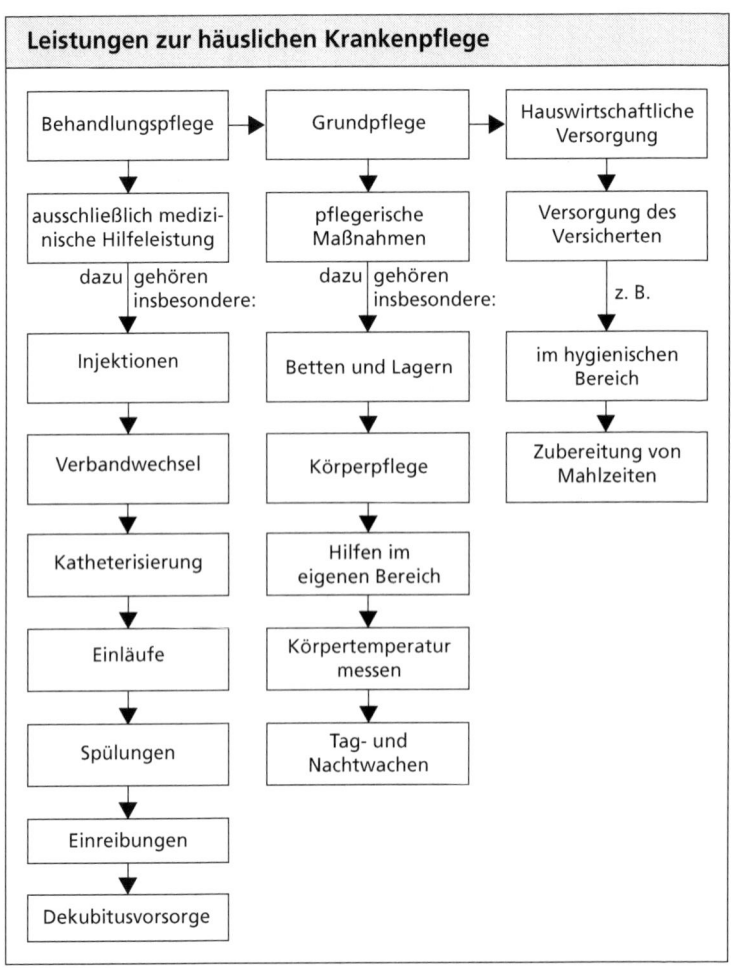

Dauer der Verordnung häuslicher Krankenpflege

Der Vertragsarzt hat sich über den Erfolg der verordneten Maßnahmen zu informieren. Daher soll insbesondere die Erstverordnung einen Zeitraum bis zu 14 Tagen nicht überschreiten.

Ist aus dem Zustand des Versicherten erkennbar, dass der zunächst verordnete Zeitraum nicht ausreicht, kann die Folgeverordnung für eine längere Dauer ausgestellt werden, wenn der Vertragsarzt in dieser Folgeverordnung die Notwendigkeit begründet.

Der Vertragsarzt hat die Folgeverordnung in den letzten drei Werktagen vor Ablauf des verordneten Zeitraums auszustellen.

Wichtig: Ein Anspruch des Versicherten auf Krankenhausvermeidungspflege besteht bis zu vier Wochen. In begründeten Ausnahmefällen kann der Vertragsarzt Krankenhausvermeidungspflege über diesen Zeitraum hinaus verordnen. Hier ist aber eine Zustimmung der Krankenkasse erforderlich. Zur Überprüfung der Notwendigkeit der Verlängerung schaltet diese den MDK ein.

3

Bei der Sicherungspflege gibt es von Gesetzes wegen keine zeitliche Begrenzung. Die Dauer darf jedoch in der Satzung der Krankenkasse oder des Unfallversicherungsträgers festgelegt werden.

Ein Verzeichnis verordnungsfähiger Maßnahmen der häuslichen Krankenpflege ist in der Anlage der Richtlinien des Gemeinsamen Bundesausschusses über die häusliche Krankenpflege enthalten. In diesem Verzeichnis werden bei einzelnen behandlungspflegerischen Leistungen Aussagen zur Dauer der Verordnung und zur Häufigkeit der Verrichtungen angegeben. Diese gelten lediglich als Empfehlungen für den Regelfall. In begründeten Fällen kann davon abgewichen werden.

Die Leistungen sind – so die Richtlinien des Bundesausschusses – verordnungsfähig, unabhängig davon, ob es sich um somatische, psychische oder psychosomatische Krankheiten handelt. Bei der Verordnung durch den Vertragsarzt ist wegen der Krankheitsursache eine unterschiedliche Verordnungsdauer zu bedenken.

Unter bestimmten Voraussetzungen besteht Anspruch auf die Leistungen der häuslichen Krankenpflege auch für solche Versicherte in Pflegeeinrichtungen, die einen besonders hohen Bedarf an medizinischer Behandlungspflege haben. Der Bedarf muss voraussichtlich für mindestens sechs Monate bestehen.

Nach § 37 Abs. 5 SGB V haben Versicherte, die das 18. Lebensjahr vollendet haben, als Zuzahlung 10 Prozent der Kosten sowie 10 Euro je Verordnung zu leisten.

Die Zuzahlungen sind allerdings auf die ersten 28 Kalendertage der Inanspruchnahme je Kalenderjahr begrenzt.

Zuzahlungen sind lediglich bis zur Belastungsgrenze zu erbringen (vgl. Seite 114 ff.).

Spezialisierte ambulante Palliativversorgung

§ 37b SGB V sieht einen Anspruch auf spezialisierte Palliativversorgung vor. Anspruch hierauf haben Versicherte mit einer nicht heilbaren, fortschreitenden und weit fortgeschrittenen Erkrankung bei einer zugleich begrenzten Lebenserwartung, die eine besonders aufwendige Versorgung benötigen. Die Leistung muss von einem Vertragsarzt oder Krankenhausarzt verordnet werden.

Dabei sind die besonderen Belange von Kindern zu berücksichtigen.

Versicherte in stationären Pflegeeinrichtungen haben ebenfalls einen solchen Anspruch.

Die häusliche Krankenpflege (vgl. Seite 93 ff.) umfasst zudem die ambulante Palliativversorgung (§ 37 Abs. 2 SGB V).

Einzelheiten zu dieser Leistung regelt der Gemeinsame Bundesausschuss in seinen Richtlinien.

Unter bestimmten Voraussetzungen besteht nach § 39a SGB V Anspruch auf ambulante Hospizleistungen, die anstelle stationärer Hospizleistungen gewährt werden (vgl. Seite 128 ff.). Den besonderen Belangen von Kindern ist hier Rechnung zu tragen.

Haushaltshilfe

Leistungen zur Haushaltshilfe

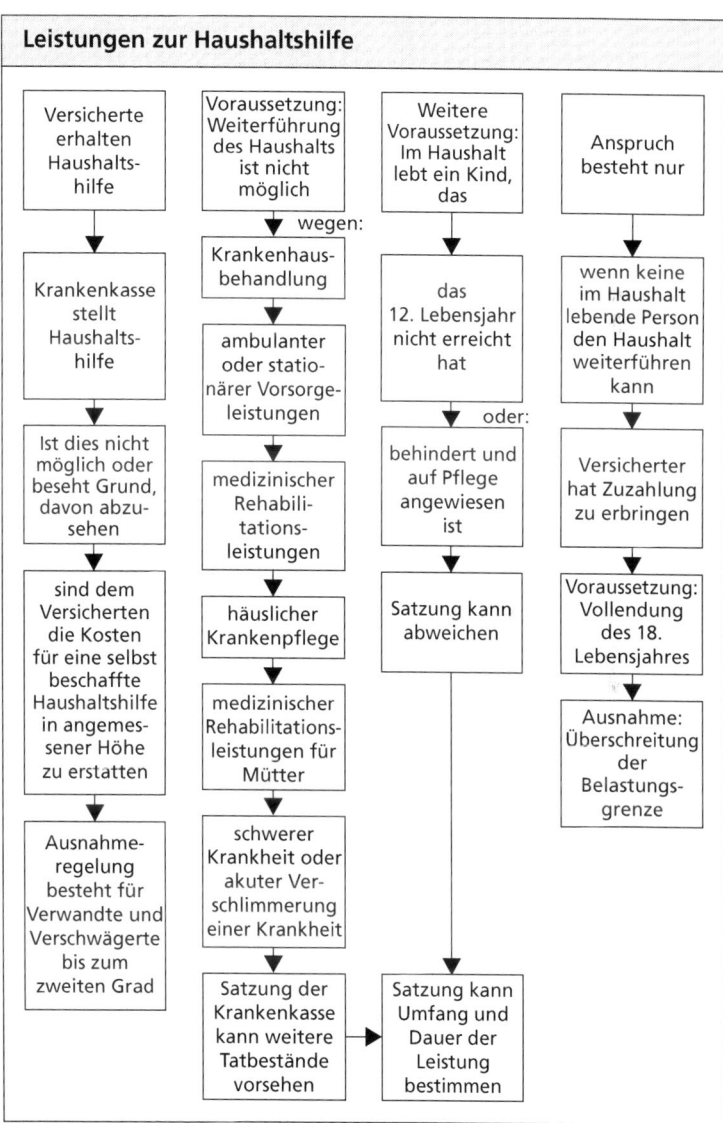

Spalte 1:

Versicherte erhalten Haushaltshilfe

↓

Krankenkasse stellt Haushaltshilfe

↓

Ist dies nicht möglich oder beseht Grund, davon abzusehen

↓

sind dem Versicherten die Kosten für eine selbst beschaffte Haushaltshilfe in angemessener Höhe zu erstatten

↓

Ausnahmeregelung besteht für Verwandte und Verschwägerte bis zum zweiten Grad

Spalte 2:

Voraussetzung: Weiterführung des Haushalts ist nicht möglich

↓ wegen:

Krankenhausbehandlung

↓

ambulanter oder stationärer Vorsorgeleistungen

↓

medizinischer Rehabilitationsleistungen

↓

häuslicher Krankenpflege

↓

medizinischer Rehabilitationsleistungen für Mütter

↓

schwerer Krankheit oder akuter Verschlimmerung einer Krankheit

↓

Satzung der Krankenkasse kann weitere Tatbestände vorsehen →

Spalte 3:

Weitere Voraussetzung: Im Haushalt lebt ein Kind, das

↓

das 12. Lebensjahr nicht erreicht hat

↓ oder:

behindert und auf Pflege angewiesen ist

↓

Satzung kann abweichen

↓

Satzung kann Umfang und Dauer der Leistung bestimmen

Spalte 4:

Anspruch besteht nur

↓

wenn keine im Haushalt lebende Person den Haushalt weiterführen kann

↓

Versicherter hat Zuzahlung zu erbringen

↓

Voraussetzung: Vollendung des 18. Lebensjahres

↓

Ausnahme: Überschreitung der Belastungsgrenze

3

Die Leistung der Haushaltshilfe gibt es auch in anderen Sozialleistungsbereichen (Unfallversicherung, Rentenversicherung, Arbeitslosenversicherung, Kriegsopferrecht).

Die Gewährung einer Haushaltshilfe ist von einer Grundleistung abhängig, beispielsweise von einem Kuraufenthalt des Versicherten. Wird die Grundleistung nicht von der Krankenkasse, sondern von einem anderen Sozialleistungsträger erbracht, hat dieser auch die Haushaltshilfe zu erbringen.

Bezüglich der Grundleistungen ist noch zu erwähnen, dass ein Krankenhausaufenthalt nur bei einer stationären Unterbringung im Krankenhaus vorliegt. Der gelegentliche Aufenthalt während einer im Krankenhaus durchgeführten Dialysierung begründet keinen Anspruch auf Haushaltshilfe.

Nach Ansicht der Spitzenverbände der Krankenkassen kommt Haushaltshilfe auch dann infrage, wenn (in einem Ausnahmefall) bei Krankenhausaufenthalt eines Kindes die stationäre Mitaufnahme der Begleitperson erfolgt (z. B. die Mutter als Bezugsperson).

Ein Anspruch auf Haushaltshilfe besteht auch, wenn eine Krankenhausbehandlung zwar geboten ist, die Krankenkasse aber an ihrer Stelle häusliche Krankenpflege gewährt.

Darüber hinaus erhalten Versicherte Haushaltshilfe, wenn ihnen die Weiterführung des Haushalts wegen schwerer Krankheit oder akuter Verschlimmerung nicht möglich ist, insbesondere nach:

- einem Krankenhausaufenthalt
- einer ambulanten Operation
- einer ambulanten Krankenhausbehandlung

Hier wird Haushaltshilfe jedoch längstens für die Dauer von vier Wochen gewährt. Lebt im Haushalt ein Kind, das bei Beginn der Haushaltshilfe das 12. Lebensjahr noch nicht vollendet hat oder das behindert und auf Hilfe angewiesen ist, verlängert sich dieser Anspruch auf längstens 26 Wochen.

Nach § 38 Abs. 2 SGB V kann die Satzung der Krankenkasse bestimmen, dass die Krankenkasse in anderen als den bereits genannten Fällen Haushaltshilfe erbringt, wenn einem Versicherten wegen

Krankheit die Weiterführung des Haushalts nicht möglich ist. Sie kann von der Voraussetzung, dass im Haushalt ein Kind lebt, abweichen sowie Umfang und Dauer dieser Leistungen bestimmen.

Im Übrigen kann die Krankenkasse nach § 11 Abs. 6 SGB V in ihrer Satzung zusätzliche Leistungen im Bereich der Haushaltshilfe vorsehen. Dabei muss die Satzung insbesondere die Art, die Dauer und den Umfang der Leistungen bestimmen. Sie hat hinreichende Anforderungen an die Qualität der Leistungen zu erbringen.

Wichtig: Der Versicherte muss den Haushalt bisher überwiegend selbst geführt haben. Der Anspruch auf Haushaltshilfe ist deshalb ausgeschlossen, wenn die wesentlichen Haushaltsarbeiten bisher durch eine Hausangestellte verrichtet worden sind.

3

Im Übrigen kommt es nicht darauf an, warum eine andere im Haushalt lebende Person den Haushalt nicht weiterführen kann. So können dafür berufliche sowie während der Aus- und Fortbildung auch schulische Verpflichtungen oder auch andere (z. B. körperliche oder altersmäßige Gründe) ausschlaggebend sein.

Ein Hinderungsgrund für die Weiterführung des Haushalts wird von der Krankenkasse nur für die Tage bejaht werden, an denen entsprechende Verpflichtungen bestehen. Bei Arbeitsunfähigkeit liegt kein Hinderungsgrund vor, wenn die Weiterführung des Haushalts die Wiederherstellung der Arbeitsfähigkeit nicht beeinträchtigt.

Ist der arbeitsunfähige Ehegatte zur teilweisen Haushaltsführung (z. B. Beaufsichtigung der Kinder) in der Lage, wird Haushaltshilfe nur in entsprechend eingeschränktem Umfang gewährt.

Haushalt mit Kind

Haushaltshilfe wird gewährt, wenn im Haushalt ein Kind lebt, das das 12. Lebensjahr noch nicht vollendet hat, oder das Kind behindert und auf Hilfe angewiesen ist (ohne Altersbegrenzung).

Ist das Kind behindert und auf Hilfe angewiesen, setzt der Anspruch auf Haushaltshilfe unbedingt voraus, dass das betreffende Kind nicht nur vorübergehend für die gewöhnlich und regelmäßig wiederkehrenden Verrichtungen im Ablauf des täglichen Lebens in erheblichem Umfang der Pflege oder Beaufsichtigung bedarf.

Wichtig: Unterdurchschnittliche Begabung, Unkonzentriertheit, Nervosität, Labilität sowie ein Rückstand der geistigen Entwicklung stellen für sich allein keine Behinderung dar.

Ebenso sind akute Erkrankungen eines Kindes nicht als Behinderung anzusehen und führen nicht zu einer Aufhebung der Altersgrenze.

Die Aufhebung der Altersgrenze gilt im Übrigen nach Ansicht der Spitzenverbände der Krankenkassen nur für behinderte Kinder, bei denen die Behinderung bis zur Vollendung des 18. Lebensjahres, bei Vorliegen von Schul- oder Berufsausbildung bis zur Vollendung des 25. Lebensjahres eingetreten ist. Der Anspruch besteht auch fort, wenn das Kind während der Gewährung von Haushaltshilfe das 12. Lebensjahr vollendet. Für behinderte Kinder gilt dies entsprechend.

Als Kind in diesem Sinne kommt nicht nur ein familienversichertes Kind, sondern jedes gewöhnlich im Haushalt lebende Kind in Betracht. Dabei spielt es keine Rolle, ob das Kind ein Familienangehöriger des Versicherten bzw. seines Ehegatten ist.

Umfang der Leistung

Der Begriff der Haushaltshilfe wird im Gesetz selbst nicht definiert. Aus der Tatsache, dass die Haushaltshilfe bei Ausfall der haushaltsführenden Person zu gewähren ist, ist zu schließen, dass die Hilfe in hauswirtschaftlichen Tätigkeiten besteht.

Demnach umfasst die Haushaltshilfe die Dienstleistungen, die zur Weiterführung des Haushalts notwendig sind, zum Beispiel Beschaffung und Zubereitung der Mahlzeiten, Pflege der Kleidung und der Wohnräume. Insbesondere erstreckt sie sich auf die Betreuung und Beaufsichtigung der Kinder.

Der zeitliche Umfang der Leistung richtet sich nach der Dauer der von dem Versicherungsträger gewährten Grundleistung (z. B. Krankenhausbehandlung). Eine Verhinderung an der Weiterführung des Haushalts kann sowohl für den Aufnahme- als auch den Entlassungstag (ggf. für den Reisetag) angenommen werden.

Je nach den Verhältnissen kann es erforderlich sein, die Ersatzkraft in den Haushalt einzuweisen und mit den Besonderheiten (z. B.

wegen eines im Haushalt lebenden behinderten und auf Hilfe angewiesenen Kindes) vertraut zu machen. Die dadurch entstehenden Aufwendungen gehören zur Haushaltshilfe.

Erfolgt die Leistungsgewährung nach Satzung der Krankenkasse, etwa wenn sie von der Altersgrenze für Kinder abweicht, kann die Satzung die Dauer und den Umfang der Leistung bestimmen.

> **Praxis-Tipp:**
>
> Befindet sich in Ihrem Haushalt nur ein Kind, das das 12. Lebensjahr bereits vollendet hat und nicht behindert im Sinne der obigen Ausführungen ist, sollten Sie durch Rücksprache bei der Krankenkasse nachprüfen, ob hier eine entsprechende Satzungsbestimmung besteht.

3

Selbst beschaffte Ersatzkraft

Kann die Krankenkasse keine Ersatzkraft stellen oder besteht Grund, von der Gestellung einer Ersatzkraft abzusehen, hat sie die Kosten für eine selbst beschaffte Ersatzkraft in angemessener Höhe zu erstatten.

Grundsätzlich gilt: Der Versicherte darf, wenn er gezwungen ist, sich eine Ersatzkraft selbst zu beschaffen – weil die Krankenkasse die ihr an sich obliegende Sachleistung nicht erbringen konnte – nicht schlechter gestellt werden, als wenn die Krankenkasse ihrer Verpflichtung nachgekommen wäre.

Wichtig: Ein Grund, von der Gestellung einer Ersatzkraft abzusehen, kann beispielsweise darin liegen, dass der Versicherte Wert auf die Weiterführung des Haushalts durch eine Person seines Vertrauens legt.

Führt eine der im Haushalt lebenden Personen den Haushalt weiter und nimmt zu diesem Zweck unbezahlten Urlaub, wird dies so behandelt, als wenn eine Ersatzkraft selbst beschafft wurde. Auch der Versicherte kann wie eine selbst beschaffte Ersatzkraft behandelt werden, wenn er aus Anlass einer Krankenhausbehandlung des Ehe- bzw. Lebenspartners selbst unbezahlten Urlaub nimmt, um den Haushalt weiterzuführen (z. B. Entbindung).

Die Unterbringung eines Kindes außerhalb des Haushalts des Versicherten kann zur Leistungspflicht führen, wenn eine Ersatzkraft für die Weiterführung des Haushalts nicht zu finden ist.

Angemessene Entlohnung

Nach Auffassung des Bundessozialgerichts ist bei selbst beschaffter Haushaltshilfe als Maßstab für die angemessene Höhe der Erstattung der Betrag anzusehen, den der Leistungsträger aufzuwenden hätte, wenn er die Ersatzkraft selbst stellt. Dieser Aufwand lässt sich durch Ermittlung der Entgelte feststellen, die Haushaltshilfen auf dem allgemeinen Arbeitsmarkt erzielen. Dabei ist die wirtschaftliche Lage des Versicherten für die Beurteilung der Angemessenheit ohne Bedeutung.

Hat der Leistungsträger keine Haushaltshilfe gestellt und beschafft sich deshalb der Versicherte eine Ersatzkraft von einem caritativen Verband, ist davon auszugehen, dass diese Einrichtung die Ersatzkraft tarifmäßig entlohnt, so dass deren Kosten angemessen sind.

Als angemessen werden im Übrigen durch die Spitzenverbände der Versicherungsträger die nachgewiesenen Aufwendungen bis zu einem täglichen Höchstbetrag von 2,5 Prozent der monatlichen Bezugsgröße – auf- oder abgerundet auf den nächsten geraden Euro-Betrag – angesehen. Im Jahr 2016 sind hier 72 Euro (kalendertäglich) anzuwenden. Dieser Betrag gilt im gesamten Bundesgebiet.

Bei einem weniger als acht Stunden täglich umfassenden Einsatz der Ersatzkraft ist als Höchstbetrag je Stunde ein Betrag von einem Achtel des täglichen Höchstbetrags maßgebend. Im Jahr 2016 gelten 9 Euro pro Stunde.

Mit den genannten Höchstbeträgen sind alle anfallenden Aufwendungen (z. B. entstehende Fahrtkosten) abgegolten. Bei der angemessenen Zahl der Einsatzstunden sind die Umstände des Einzelfalls zu berücksichtigen. Dazu zählen nach Auffassung der Spitzenverbände der Krankenkassen insbesondere:

- Größe des Haushalts
- Anzahl der Kinder

- Alter der Kinder
- Gesundheitszustand der Kinder

Für verwandte und verschwägerte Ersatzkräfte bis zum zweiten Grad ist eine Kostenerstattung grundsätzlich ausgeschlossen. Verwandte bis zum zweiten Grad des Versicherten sind: Eltern, Kinder (einschließlich der für ehelich erklärten und der angenommenen Kinder), Großeltern, Enkelkinder und Geschwister.

Verschwägerte des Versicherten bis zum zweiten Grad sind: Stiefeltern, Stiefkinder, Stiefenkelkinder (Enkelkinder des Ehegatten), Schwiegereltern, Schwiegerkinder (Schwiegersohn/-tochter), Großeltern des Ehegatten und Schwager/Schwägerin.

3

Diese Personen können sich allerdings einen entstandenen Verdienstausfall und Fahrtkosten von der Krankenkasse erstatten lassen, sofern sie diese nachweisen. Die Aufwendungen müssen in einem angemessenen Verhältnis zu den Kosten für eine nicht verwandte oder nicht verschwägerte selbst beschaffte Ersatzkraft stehen. Dabei gelten die für diese Ersatzkräfte vorgesehene Höchstbeträge (beachten Sie dazu die obigen Ausführungen).

Wichtig:

Bei der Kostenerstattung für Verwandte und Verschwägerte ab dem dritten Grad gelten dieselben Regelungen wie für selbst beschaffte, nicht verwandte oder nicht verschwägerte Ersatzkräfte. Nimmt eine im Haushalt lebende Person unbezahlten Urlaub, ist das ausgefallene Nettoarbeitsentgelt erstattungsfähig. Höchstens kann jedoch der Betrag erstattet werden, den der Leistungsträger für eine selbst beschaffte nicht verwandte Ersatzkraft aufzuwenden gehabt hätte.

Bei Unterbringung des Kindes (bzw. der Kinder) in einer Kinderkrippe, Kindertagesstätte oder bei Verwandten dritten Grades sind die nachgewiesenen Kosten als Aufwendungen zu erstatten, höchstens jedoch der Betrag, den der Versicherungsträger für eine selbst beschaffte Ersatzkraft aufzuwenden gehabt hätte. War das Kind bisher schon in einer Kinderkrippe, Kindertagesstätte oder dergleichen untergebracht und muss die tägliche Unterbringungszeit etwa wegen des Krankenhausaufenthalts des Versicherten verlängert werden, können für die Erstattung nur die angefallenen Mehrkosten berücksichtigt werden. Ist das Kind bei Verwandten oder Verschwägerten bis zum zweiten Grad untergebracht, kommt lediglich eine Kostenerstattung von Verdienstausfall und Fahrtkosten in Betracht.

Nach § 38 Abs. 5 SGB V haben Versicherte, die das 18. Lebensjahr vollendet haben, als Zuzahlung je Kalendertag der Leistungsinanspruchnahme

- 10 Prozent des Abgabepreises,
- mindestens 5 Euro und höchstens 10 Euro,
- allerdings nicht mehr als die Kosten zu leisten.

Die Zuzahlungen sind nur bis zur Belastungsgrenze zu entrichten (vgl. Seite 114 ff.).

Besonderheiten der landwirtschaftlichen Krankenversicherung

In der landwirtschaftlichen Krankenversicherung gelten besondere Regelungen für die Gewährung von Haushaltshilfe. Unter bestimmten Voraussetzungen kann eine Betriebshilfe gewährt werden.

Künstliche Befruchtung und Herstellung der Zeugungs- oder Empfängnisfähigkeit

Ein Anspruch auf Sachleistungen der künstlichen Befruchtung besteht für weibliche Versicherte zwischen dem 26. und 40. Lebensjahr sowie für männliche Versicherte bis zum 50. Lebensjahr.

Der Krankenkasse ist vor Behandlungsbeginn ein Behandlungsplan zur Genehmigung vorzulegen. Sie übernimmt 50 Prozent der Kosten von mit dem Behandlungsplan genehmigten und anschließend durchgeführten Maßnahmen.

Einzelheiten bestimmt der Gemeinsame Bundesausschuss in seinen Richtlinien. Die Leistungen lassen sich so skizzieren:

Leistungen zur künstlichen Befruchtung und Herstellung der Zeugungs- oder Empfängnisfähigkeit

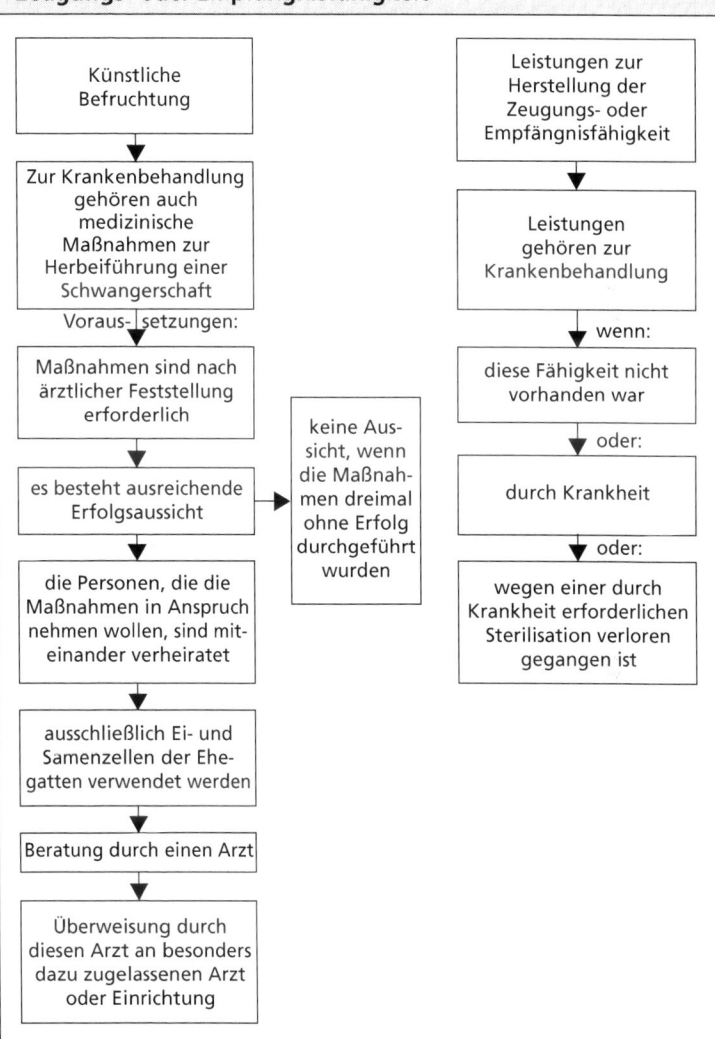

3

Soziotherapie und sozialpädiatrische Leistungen

Versicherte, die wegen schwerer psychischer Erkrankungen nicht in der Lage sind, ärztliche oder ärztlich verordnete Leistungen selbstständig in Anspruch zu nehmen, haben Anspruch auf Soziotherapie, wenn dadurch Krankenhausbehandlung vermieden oder verkürzt wird. Das Gleiche gilt, wenn die Krankenhausbehandlung geboten, aber nicht ausführbar ist.

Die Soziotherapie umfasst die im Einzelfall erforderliche Koordinierung der verordneten Leistungen sowie Anleitung und Motivation zu deren Inanspruchnahme. Der Anspruch besteht für höchstens 120 Stunden innerhalb von drei Jahren je Krankheitsfall.

3

Der Gemeinsame Bundesausschuss hat in Richtlinien das Nähere über Voraussetzungen, Art und Umfang der Leistung Soziotherapie festgelegt. Rechtsgrundlage für diese Leistung ist § 37a SGB V.

Versicherte Kinder haben Anspruch auf nichtärztliche sozialpädiatrische Leistungen (§ 43a SGB V). Dieser Anspruch erstreckt sich insbesondere auf psychologische, heilpädagogische und psychosoziale Leistungen.

Die Leistungen müssen unter ärztlicher Verantwortung erbracht werden. Sie müssen erforderlich sein, um eine Krankheit zum frühestmöglichen Zeitpunkt zu erkennen und einen Behandlungsplan aufzustellen.

Leistungen dieser Art werden im Übrigen auch als Rehabilitationsmaßnahmen im Sozialgesetzbuch – Neuntes Buch (SGB IX) vorgesehen, das auch für die gesetzliche Krankenversicherung gilt.

Nichtärztliche Leistungen für behinderte Erwachsene

Seit 23.07.2015 sieht der durch das GKV-VSG geschaffene § 43b SGB V Leistungen für versicherte Erwachsene mit geistigen Behinderungen oder schweren Mehrfachbehinderungen vor.

Dieses Personen haben Anspruch auf nichtärztliche Leistungen, insbesondere auf psychologische, therapeutische und psychosoziale Leistungen, wenn sie unter ärztlicher Verantwortung durch ein medizinisches Behandlungszentrum erbracht werden. Sie müssen erforderlich sein, um eine Krankheit zum frühestmöglichen Zeitpunkt zu erkennen und einen Behandlungsplan aufzustellen. Dies umfasst auch die im Einzelfall erforderliche Koordinierung von Leistungen.

Fahrtkosten

Fahrtkosten in Höhe des Betrags, der die Belastungsgrenze übersteigt (vgl. Seite 114 ff.), können bei folgenden Fahrten übernommen werden, wenn diese aus zwingenden medizinischen Gründen notwendig sind und vom Arzt verordnet wurden (§ 60 SGB V):

- Rettungsfahrten mit Rettungs- oder Notarztwagen, Notarzteinsatzfahrzeugen oder Rettungshubschrauber

- Krankentransporte mit aus medizinischen Gründen notwendiger fachlicher Betreuung oder in einem Krankenwagen,

- Krankenfahrten mit öffentlichen Verkehrsmitteln, privaten Kraftfahrzeugen, Mietwagen oder Taxen

  - zu Leistungen, die stationär erbracht werden

  - zu einer vor- oder nachstationären Behandlung oder einer ambulanten Operation im Krankenhaus, wenn dadurch eine an sich gebotene stationäre oder teilstationäre Krankenhausbehandlung vermieden oder verkürzt wird

  - zu einer ambulanten Behandlung in Ausnahmefällen

Die Ausnahmefälle für Fahrten zur ambulanten Behandlung hat der Gemeinsame Bundesausschuss in Anlage II der Krankentransport-Richtlinien festgelegt (z. B. Fahrten zur ambulanten Dialyse, Chemo- oder Strahlentherapie). Auch dauerhaft mobilitätseingeschränkte Patienten bekommen die Kosten für Fahrten zur ambulanten Behandlung erstattet, wenn sie

- einen Schwerbehindertenausweis mit dem Merkzeichen „aG" (außergewöhnliche Gehbehinderung), „Bl" (blind) oder „H" (hilflos) besitzen, oder

- die Pflegestufe 2 bzw. 3 nachweisen können, oder

- einen vergleichbaren Grund der Mobilitätseinschränkung inklusive Diagnose angeben können.

Wichtig: Der Arzt hat bei der Verordnung einer Krankenbeförderung das wirtschaftlichste Transportmittel auszuwählen. Zudem darf nur der Transport zur nächst erreichbaren geeigneten Behandlungsmöglichkeit erfolgen.

3

Leistungen an Fahrtkosten

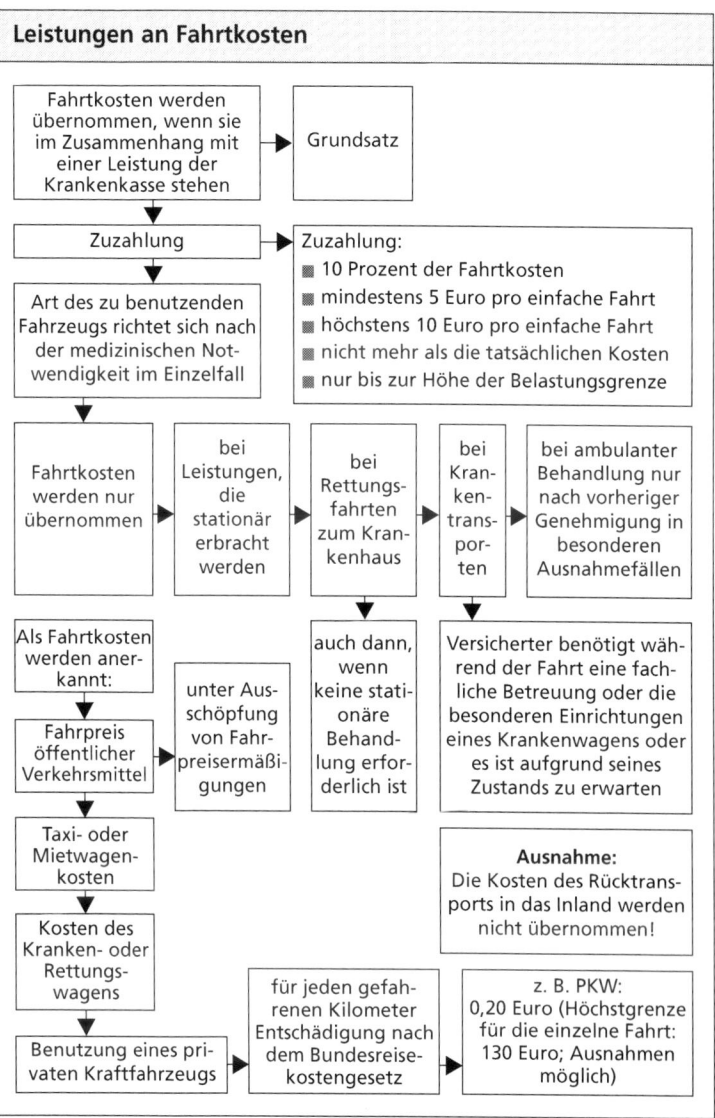

Fahrtkosten werden übernommen, wenn sie im Zusammenhang mit einer Leistung der Krankenkasse stehen → Grundsatz

Zuzahlung →

Zuzahlung:
- 10 Prozent der Fahrtkosten
- mindestens 5 Euro pro einfache Fahrt
- höchstens 10 Euro pro einfache Fahrt
- nicht mehr als die tatsächlichen Kosten
- nur bis zur Höhe der Belastungsgrenze

Art des zu benutzenden Fahrzeugs richtet sich nach der medizinischen Notwendigkeit im Einzelfall

Fahrtkosten werden nur übernommen → bei Leistungen, die stationär erbracht werden → bei Rettungsfahrten zum Krankenhaus → bei Krankentransporten → bei ambulanter Behandlung nur nach vorheriger Genehmigung in besonderen Ausnahmefällen

Als Fahrtkosten werden anerkannt:

Fahrpreis öffentlicher Verkehrsmittel

Taxi- oder Mietwagenkosten

Kosten des Kranken- oder Rettungswagens

Benutzung eines privaten Kraftfahrzeugs

unter Ausschöpfung von Fahrpreisermäßigungen

auch dann, wenn keine stationäre Behandlung erforderlich ist

Versicherter benötigt während der Fahrt eine fachliche Betreuung oder die besonderen Einrichtungen eines Krankenwagens oder es ist aufgrund seines Zustands zu erwarten

Ausnahme:
Die Kosten des Rücktransports in das Inland werden nicht übernommen!

für jeden gefahrenen Kilometer Entschädigung nach dem Bundesreisekostengesetz

z. B. PKW:
0,20 Euro (Höchstgrenze für die einzelne Fahrt: 130 Euro; Ausnahmen möglich)

3

Belastungsgrenze

Bei der Darstellung der einzelnen Leistungen ist jeweils die Höhe der Zuzahlung des Versicherten angegeben worden.

Einzelheiten zur Belastungsgrenze regelt § 62 SGB V. Danach haben Versicherte während jeden Kalenderjahres Zuzahlungen nur bis zur Belastungsgrenze zu leisten. Wird die Belastungsgrenze bereits innerhalb eines Kalenderjahres erreicht, hat die Krankenkasse eine Bescheinigung darüber zu erteilen, dass für den Rest des Kalenderjahres keine Zuzahlungen mehr zu erbringen sind.

3 Die Belastungsgrenze beträgt für Versicherte und ihre im gemeinsamen Haushalt lebenden Angehörigen 2 Prozent der jährlichen Bruttoeinnahmen zum Lebensunterhalt.

Für chronisch kranke Versicherte, die wegen derselben schwerwiegenden Krankheit in Dauerbehandlung sind, beträgt die Belastungsgrenze 1 Prozent der jährlichen Bruttoeinnahmen zum Lebensunterhalt. Diese Absenkung der Belastungsgrenze gilt für den gesamten Familienhaushalt, wenn mindestens eine Person wegen derselben schwerwiegenden Erkrankung in Dauerbehandlung ist.

Das Nähere zur Feststellung einer schwerwiegenden chronischen Erkrankung regelt der Gemeinsame Bundesausschuss in Richtlinien:

■ § 1 Abs. 2 der sogenannten Chroniker-Richtlinien schreibt vor, dass die Feststellung, wonach Versicherte an einer schwerwiegenden chronischen Krankheit leiden, durch die Krankenkasse getroffen wird.

■ § 2 der Richtlinien beschäftigt sich mit dem Begriff der schwerwiegenden chronischen Krankheit. Zunächst heißt es hier, dass eine Krankheit dann schwerwiegend chronisch ist, wenn sie wenigstens ein Jahr lang mindestens einmal pro Quartal (Vierteljahr) ärztlich behandelt wurde (Dauerbehandlung).

Außerdem muss eines der folgenden Merkmale vorhanden sein:

– Es liegt eine Pflegebedürftigkeit der Pflegestufe 2 oder 3 nach dem Sozialgesetzbuch – Elftes Buch (SGB XI) vor.

– Es liegt ein Grad der Behinderung (GdB) von mindestens 60 oder eine Minderung der Erwerbsfähigkeit (MdE) von mindestens 60 Prozent vor, wobei der GdB bzw. die MdE zumindest auch durch die obige Krankheit (Dauerbehandlung) begründet sein muss.

– Es ist eine kontinuierliche Behandlung erforderlich (ärztliche oder psychotherapeutische Behandlung, Arzneimitteltherapie, Versorgung mit Hilfsmitteln), ohne die nach ärztlicher Einschätzung eine lebensbedrohliche Verschlimmerung, eine Verminderung der Lebenserwartung oder eine dauerhafte Beeinträchtigung der Lebensqualität durch die aufgrund der die Dauerbehandlung notwendig machenden Krankheit verursachten Gesundheitsstörung zu erwarten ist.

3

Die Dauerbehandlung wird durch eine ärztliche Bescheinigung nachgewiesen. In dieser ist die Krankheit anzugeben. Das Erfordernis der kontinuierlichen Behandlung wird ebenfalls durch eine ärztliche Bescheinigung nachgewiesen. Als Vordruck des „Bundesmantelvertrags Ärzte" ist die ärztliche Bescheinigung zwischenzeitlich auf Bundesebene entwickelt worden. Dazu gibt es Vordruckerläuterungen. Die entsprechenden Formulare stellen die Krankenkassen den Ärzten zur Verfügung.

In den Richtlinien zur Definition schwerwiegender chronischer Krankheiten des Gemeinsamen Bundesausschusses wird darauf hingewiesen, dass zum Beleg für den GdB, die MdE und die Pflegestufe der Versicherte die entsprechenden bestandskräftigen amtlichen Bescheide in Kopie vorzulegen hat.

Die Krankheit, wegen derer sich der Versicherte in Dauerbehandlung befindet, muss in dem Bescheid zum GdB oder zur MdE als Begründung aufgeführt sein.

Die weitere Dauer der chronischen Behandlung ist der Krankenkasse jeweils spätestens nach Ablauf eines Kalenderjahres nachzuweisen und – soweit erforderlich – vom MDK zu prüfen.

Die Durchführung der vorstehenden Regelung setzt allerdings voraus, dass der Versicherte und sein berücksichtigungsfähiger Ehegatte bzw. gleichgeschlechtlicher Lebenspartner und seine

Kinder die ihnen im laufenden Kalenderjahr entstehenden Zuzahlungen dokumentieren.

Die Verringerung auf die einprozentige Belastungsgrenze wird mit Beginn des Kalenderjahres wirksam, in dem der Versicherte die einjährige Dauerbehandlung erreicht.

Beispiel:

Ein Versicherter hat im Kalenderjahr 2016 Belastungen in Höhe von 2 Prozent der jährlichen Bruttoeinnahmen zum Lebensunterhalt getragen. Nach ärztlichem Nachweis ist er seit 10.06.2016 wegen derselben Krankheit in Dauerbehandlung und beantragt den Wegfall der Zuzahlungspflicht. Im Jahr 2016 sind bis zum Zeitpunkt seines Antrags 400 Euro Zuzahlungen für ihn und für seine Familienangehörigen 200 Euro Zuzahlungen nachgewiesen. Die Belastungsgrenze der gesamten Familie von 2 Prozent der jährlichen Bruttoeinnahmen zum Lebensunterhalt beträgt im Jahr 2016 500 Euro.

Mit Ablauf des 09.06.2017 befindet sich der Versicherte ein Jahr lang in Dauerbehandlung wegen derselben Krankheit. Seine Zuzahlungspflicht entfällt rückwirkend ab 01.01.2016. Die für das Jahr 2016 von ihm bereits geleisteten Zuzahlungen in Höhe von 400 Euro sind zu erstatten. Für die übrigen Familienangehörigen kann eine Erstattung erst erfolgen, wenn und soweit die von ihnen nachgewiesenen Zuzahlungen im Jahr 2016 2 Prozent der jährlichen Bruttoeinnahmen zum Lebensunterhalt der Familie (500 Euro) überschreiten.

Voraussetzung für die Verminderung der Zuzahlung von 2 Prozent auf 1 Prozent ist für bestimmte Personengruppen die Teilnahme an den gesetzlich vorgesehenen Vorsorgemaßnahmen. Das gilt bezüglich:

- des Gesundheits-Checks für nach dem 01.04.1972 geborene chronisch kranke Versicherte

- der Krebsfrüherkennungsuntersuchungen für nach dem 01.04.1987 geborene weibliche und nach dem 01.04.1962 geborene männliche Versicherte (vgl. Seite 37 f.)

Der Gemeinsame Bundesausschuss hat in Richtlinien festgelegt, in welchen Fällen Gesundheitsuntersuchungen ausnahmsweise nicht zwingend durchgeführt werden müssen. Im Übrigen tritt die Verminderung ohne Rücksicht auf die Teilnahme an den Vorsorgeuntersuchungen auch dann ein, wenn der betreffende Versicherte an einem für seine Erkrankung bestehenden strukturierten Behandlungsprogramm teilnimmt.

Die jährliche Bescheinigung über das Bestehen der chronischen Erkrankung darf nur ausgestellt werden, wenn der Arzt ein therapiegerechtes Verhalten des Versicherten feststellt. Dazu gehört zum Beispiel die Teilnahme am vorstehend erwähnten Behandlungsprogramm. Die Bescheinigung ist aber auch dann auszustellen, wenn dem Versicherten die Erfüllung der Voraussetzungen nicht zumutbar ist. Das gilt insbesondere, wenn Pflegebedürftigkeit der Stufen 2 oder 3 oder ein Grad der Behinderung von mindestens 60 vorliegt. Näheres regelt der Gemeinsame Bundesausschuss in Richtlinien.

Zur Ermittlung der Belastungsgrenze werden alle gesetzlichen Zuzahlungen berücksichtigt.

Nicht berücksichtigt werden dagegen Kosten, die dadurch entstehen, dass zum Beispiel

- Arzneimittel/Hilfsmittel abgegeben werden, die höhere als die vom Festbetrag abgedeckten Kosten verursachen,

- aufwändigere Leistungen als eigentlich notwendig in Anspruch genommen werden,

- Aufwendungen für Mittel entstehen, deren Verordnung zu Lasten der Krankenversicherung ausgeschlossen ist,

- Leistungen ohne ärztliche Verordnung bezogen werden,

- Abschläge im Rahmen der Kostenerstattung etwa für Verwaltungskosten und fehlende Wirtschaftlichkeitsprüfungen

vorgenommen werden.

Unberücksichtigt bleibend Eigenanteile zu Zahnersatz (vgl. Seite 63), Maßnahmen zur künstlichen Befruchtung (vgl. Seite 109) und Fahrtkosten zur ambulanten Behandlung (vgl. Seite 112). Im

Fall der Fahrtkosten ist eine Berücksichtigung lediglich für den gesetzlich vorgesehenen Zuzahlungsbetrag möglich.

Befreiung und Dokumentation

Wird die Belastungsgrenze vor Ablauf des Kalenderjahres erreicht, hat die Krankenkasse für den Rest des Jahres eine Befreiung auszusprechen. Eine Befreiung aufgrund einer Vorauszahlung des Versicherten in Höhe der voraussichtlichen Belastungsgrenze ohne den Nachweis tatsächlich entstandener Zuzahlungen ist im Einzelfall möglich. Das gilt insbesondere, wenn innerhalb kurzer Zeiträume die Belastungsgrenze erreicht würde.

Nach Ansicht der Spitzenverbände der Krankenkassen können solche Zuzahlungsbelege akzeptiert werden, aus denen der Vor- und Zuname des Versicherten, die Art der Leistung (z. B. Arzneimittel/Hilfsmittel), der Zuzahlungsbetrag, das Datum der Abgabe und die abgebende Stelle (z. B. Stempel) hervorgehen.

Der Nachweis kann in Form eines Quittungshefts erbracht werden. Sonstige Beträge, zum Beispiel Mehrkosten oder auch Selbstmedikation, sind nicht einzutragen.

Zur Dokumentation der Befreiung geben die Krankenkassen einen Ausweis aus, der mindestens folgende Bestandteile enthält:

- Name der ausstellenden Krankenkasse
- Vorname, Name des Versicherten
- Geburtsdatum und/oder Krankenversicherungsnummer
- Datum der Ausstellung
- Gültigkeitsdauer

Berücksichtigung von Familienangehörigen und der Einnahmen

Nach § 62 Abs. 2 SGB V werden bei der Ermittlung der Belastungsgrenze die Zuzahlungen und die Bruttoeinnahmen zum Lebensunterhalt der mit dem Versicherten im gemeinsamen Haushalt lebenden Angehörigen des Versicherten und des (gleichgeschlechtlichen) Lebenspartners zusammengerechnet.

118

Kinder in diesem Sinne sind solche, denen Anspruch aus der Familienversicherung zusteht (vgl. Seite 161 ff.).

Vor der Ermittlung der Belastungsgrenze wird von den jährlichen Bruttoeinnahmen zum Lebensunterhalt abgezogen:

- für den ersten im gemeinsamen Haushalt lebenden Angehörigen ein Betrag in Höhe von 15 Prozent der jährlichen Bezugsgröße (2016: 5.229 Euro)

- für jeden weiteren im gemeinsamen Haushalt lebenden Angehörigen ein Betrag in Höhe von 10 Prozent der jährlichen Bezugsgröße (2016: 3.486 Euro)

- für jedes familienversicherte Kind ein Betrag entsprechend dem Kinder-/Betreuungsfreibetrag für beide Elternteile aus dem Steuerrecht (2016: 7.248 Euro).

3

Erwachsene behinderte Menschen in Einrichtungen

Der Träger der Sozialhilfe für volljährige Bezieher des notwendigen Lebensunterhalts in Einrichtungen erbringt die zu leistenden Zuzahlungen, sofern der Leistungsberechtigte nicht widerspricht. Die Leistung erfolgt in Form eines ergänzenden Darlehens.

Die Auszahlung der für das ganze Kalenderjahr zu leistenden Zuzahlungen erfolgt unmittelbar an die zuständige Krankenkasse zum 01.01. oder bei Aufnahme in eine stationäre Einrichtung.

Der Sozialhilfeträger teilt der zuständigen Krankenkasse spätestens bis zum 01.11. des Vorjahres die betroffenen Leistungsberechtigten mit, soweit diese der Darlehensgewährung für das laufende oder ein vorangegangenes Kalenderjahr nicht widersprochen haben.

Stationäre Leistungen und medizinische Rehabilitation

4

Krankenhausbehandlung

Die Leistungen zur Krankenhausbehandlung sind folgendermaßen geregelt:

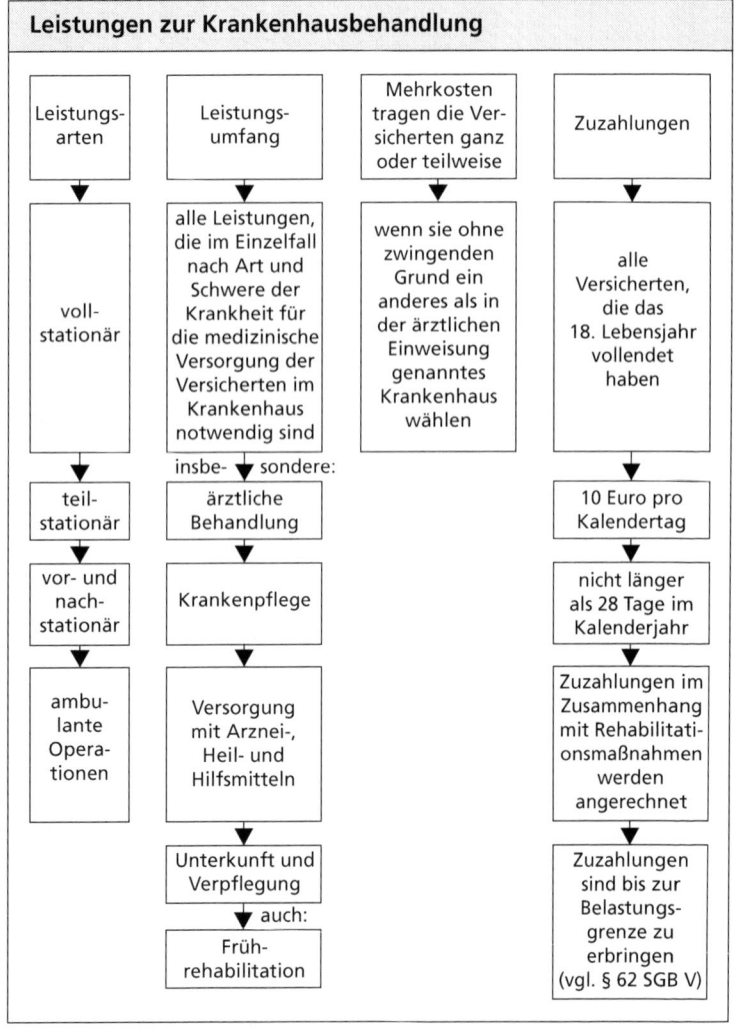

Leistungen zur Krankenhausbehandlung			
Leistungs-arten	Leistungs-umfang	Mehrkosten tragen die Versicherten ganz oder teilweise	Zuzahlungen
voll-stationär	alle Leistungen, die im Einzelfall nach Art und Schwere der Krankheit für die medizinische Versorgung der Versicherten im Krankenhaus notwendig sind	wenn sie ohne zwingenden Grund ein anderes als in der ärztlichen Einweisung genanntes Krankenhaus wählen	alle Versicherten, die das 18. Lebensjahr vollendet haben
	insbe- sondere:		
teil-stationär	ärztliche Behandlung		10 Euro pro Kalendertag
vor- und nach-stationär	Krankenpflege		nicht länger als 28 Tage im Kalenderjahr
ambu-lante Opera-tionen	Versorgung mit Arznei-, Heil- und Hilfsmitteln		Zuzahlungen im Zusammenhang mit Rehabilitationsmaßnahmen werden angerechnet
	Unterkunft und Verpflegung		Zuzahlungen sind bis zur Belastungsgrenze zu erbringen (vgl. § 62 SGB V)
	auch: Früh-rehabilitation		

Krankenhausbehandlung darf von einem Vertragsarzt nur verordnet werden, wenn eine ambulante Versorgung der Versicherten zur Erzielung des Heil- und Linderungserfolges nicht ausreicht.

Die Notwendigkeit der Krankenhausbehandlung ist bei der Verordnung zu begründen und – in den geeigneten Fällen – die beiden nächsterreichbaren, für die vorgesehene Krankenhausbehandlung geeigneten Krankenhäuser anzugeben.

Mit der Verordnung der Krankenhausbehandlung beschäftigen sich die Krankenhausbehandlungs-Richtlinien des Gemeinsamen Bundesausschusses. Danach sind für die Verordnung von Krankenhausbehandlung allein medizinische Gründe ausschlaggebend. Es kommt darauf an, dass nach Art oder Schwere der Krankheit die medizinische Versorgung gemeinsam mit der pflegerischen Betreuung nur mit den Mitteln eines Krankenhauses möglich ist, das heißt, die ambulante vertragsärztliche Versorgung nicht ausreicht.

4

Der Vertragsarzt hat vor der Verordnung von Krankenhausbehandlung alle notwendigen Maßnahmen zu treffen oder zu veranlassen, die nach den Regeln der ärztlichen Kunst angezeigt und wirtschaftlich sind, um die Einweisung in das Krankenhaus entbehrlich zu machen. Dabei hat der Vertragsarzt über die Möglichkeit in seiner Praxis hinaus durch Überweisung die Leistungsbreite der ambulanten vertragsärztlichen Versorgung zu nutzen.

Begleitperson im Krankenhaus

Zu den allgemeinen Krankenhausleistungen, zu deren Übernahme die Krankenkasse bei einem Kind verpflichtet ist, gehören grundsätzlich die durch den medizinisch notwendigen Aufenthalt der Mutter im Krankenhaus entstehenden Kosten.

Die Spitzenverbände der Krankenkassen haben die Auffassung vertreten, dass bei einer aus medizinischen Gründen notwendigen Mitaufnahme einer Begleitperson während einer stationären Behandlung des Versicherten der Ausgleich des Verdienstausfalls der Begleitperson von der Krankenkasse vorgenommen wird, die die Kosten der Hauptleistung der stationären Behandlung trägt.

Gelegentlich ist die Unterbringung im Krankenhaus aus Kapazitätsgründen nicht möglich, so dass die Begleitperson in einem nahe gelegenen Haus (sog. Elternhäuser) übernachtet. Die Krankenkassen übernehmen in diesen Fällen die Übernachtungskosten.

Tumor- und leukämieerkrankte Kinder können auch teilstationär im Krankenhaus betreut werden, wenn der Schweregrad der Erkrankung und die Intensität der Therapie dies im Einzelfall zulassen. Den Rest des Tages verbringen diese Kinder mit der Bezugsperson im sogenannten Elternhaus.

Auch die Kosten eines sogenannten Mutter-Kind-Kursus werden im Allgemeinen von den Krankenkassen übernommen. Es geht hier darum, dass die Mutter während des stationären Aufenthalts des Kindes in einer speziellen Betreuung und Pflege des Kindes unterwiesen sowie angeleitet wird. Dadurch kann die Mutter später im häuslichen Bereich krankengymnastische, beschäftigungstherapeutische und sprachtherapeutische Übungen mit dem Kind selbstständig durchführen.

Krankenhausbehandlung ist wegen einer behandlungsbedürftigen Erkrankung erforderlich. Allerdings besteht keine Leistungsverpflichtung der Krankenkasse, wenn die erforderlichen Pflegemaßnahmen in einem Krankenhaus lediglich dem Zweck dienen, einem Zustand der Hilflosigkeit zu begegnen (Pflegefall).

Exkurs: Pflegefall

Ein Pflegefall ist anzunehmen, wenn

- erforderliche Pflegemaßnahmen allein dem Zweck dienen, einem Zustand der Hilflosigkeit zu begegnen.

- sich ein chronischer Krankheitszustand mit den besonderen medizinischen Mitteln eines Krankenhauses nicht mehr beeinflussen lässt.

Beim Vorliegen eines Pflegefalls ist in der Regel die Pflegeversicherung für die Leistungsgewährung zuständig.

Eine Krankheit wird dann in einem Krankenhaus behandelt, wenn nur mit den besonderen medizinischen Mitteln eines Krankenhauses die Krankheit geheilt oder verbessert, eine Verschlimmerung der Krankheit verhütet oder das Leben verlängert werden kann oder Krankheitsbeschwerden gelindert werden können.

Wichtig: Krankenhausbehandlungsbedürftigkeit ist so lange gegeben, wie eine ambulante Behandlung zur Erreichung dieses Behandlungsziels nicht ausreicht oder ein Abbruch der Krankenhausbehandlung den Behandlungserfolg gefährden würde. Die Dauer der Krankenhausbehandlung ist zeitlich nicht begrenzt, sondern durch die Krankenhausbehandlungsbedürftigkeit bestimmt.

Krankenhausbehandlung wird auf Kosten der gesetzlichen Krankenversicherung in einem zugelassenen Krankenhaus durchgeführt.

In Zusammenhang mit der Krankenhausbehandlung ist § 2 Abs. 2 SGB V von besonderer Bedeutung. Dort wird nämlich bestimmt, dass bei Auswahl der Leistungserbringer die religiösen Bedürfnisse der Versicherten zu beachten sind.

4

Vor- und nachstationäre Behandlung

Das Krankenhaus kann Versicherte bei Verordnung von Krankenhausbehandlung in medizinisch geeigneten Fällen ohne Unterkunft und Verpflegung behandeln, um

- die Erforderlichkeit einer vollstationären Krankenhausbehandlung zu klären oder die vollstationäre Krankenhausbehandlung vorzubereiten (vorstationäre Behandlung) oder

- im Anschluss an eine vollstationäre Krankenhausbehandlung den Behandlungserfolg zu sichern oder zu festigen (nachstationäre Behandlung).

Die vorstationäre Behandlung ist auf längstens drei Behandlungstage innerhalb von fünf Tagen vor Beginn der stationären Behandlung begrenzt. Die nachstationäre Behandlung darf sieben Behandlungstage innerhalb von 14 Tagen nach Beendigung der stationären Krankenhausbehandlung, bei Organübertragungen drei Monate, nicht überschreiten.

Die Frist von 14 Tagen oder drei Monaten kann in medizinisch begründeten Einzelfällen im Einvernehmen mit dem einweisenden Arzt verlängert werden. Kontrolluntersuchungen bei Organübertragungen dürfen vom Krankenhaus auch nach Beendigung der nachstationären Behandlung fortgeführt werden, um die weitere

Krankenbehandlung oder Maßnahmen der Qualitätssicherung wissenschaftlich zu begleiten oder zu unterstützen.

Ambulante Operationen

Ambulante Operationen sollen in der Regel auf Veranlassung eines niedergelassenen Vertragsarztes unter Verwendung eines Überweisungsscheins durchgeführt werden (vgl. Seite 56 f.).

Der für die Operation verantwortliche Arzt entscheidet über Art und Umfang der ambulanten Operation. Dabei ist er verpflichtet, in jedem Einzelfall zu prüfen, ob Art und Schwere des beabsichtigten Eingriffs unter Berücksichtigung des Gesundheitszustands der Patienten die ambulante Durchführung der Operation nach den ärztlichen Regeln mit den zur Verfügung stehenden Möglichkeiten erlauben. Zugleich muss sich der verantwortliche Arzt vergewissern und dafür Sorge tragen, dass der Patient nach Entlassung aus der unmittelbaren Betreuung des operierenden Arztes auch im häuslichen Bereich ärztlich und ggf. pflegerisch in qualifizierter Weise versorgt wird.

Entlassmanagement

Seit 23.07.2015 schreibt der durch das GKV-VSG geschaffene § 39 Abs. 1a SGB V vor, dass die Krankenhausbehandlung auch ein Entlassmanagement umfassen soll. Es dient zur Unterstützung einer sektorenübergreifenden Versorgung der Versichten beim Übergang in die Versorgung nach Krankenhausbehandlung.

Soweit dies für die Versorgung des Versicherten unmittelbar nach der Entlassung erforderlich ist, können die Krankenhäuser Arznei-, Verband-, Heil- und Hilfsmittel, weitere Krankenhausbehandlung sowie häusliche Krankenpflege und Soziotherapie für bis zu sieben Tage verordnen. Bei der Verordnung von Arzneimitteln darf eine Packung mit dem kleinsten Packungsgrößenkennzeichen verordnet werden.

Neu ist auch, dass Krankenhäuser die Arbeitsunfähigkeit für bis zu sieben Tage feststellen dürfen. Hierfür gelten die Bestimmungen über die vertragsärztliche Versorgung.

Der Versicherte hat gegenüber der Krankenkasse Anspruch auf Unterstützung beim Entlassmanagement. Soweit Hilfen durch die Pflegeversicherung in Betracht kommen, kooperieren Kranken- und Pflegekassen miteinander.

Weitere Einzelheiten zum neuen Entlassmanagement werden in einem Rahmenvertrag geregelt.

Zuzahlung

Der Versicherte zahlt ab Beginn der Krankenhausbehandlung 10 Euro pro Kalendertag innerhalb eines Kalenderjahres für längstens 28 Tage an das Krankenhaus.

Für Kinder bis zur Vollendung des 18. Lebensjahres gilt dies nicht. Dabei ist es gleichgültig, ob diese Kinder selbst Mitglieder der Krankenkasse oder familienversichert sind. Beachten Sie zur Familienversicherung die Ausführungen in Kapitel 7.

4

Die an einen Träger der gesetzlichen Rentenversicherung zu leistenden Zuzahlungen (im Rahmen von vor der Krankenhausbehandlung erbrachten Rehabilitationsleistungen) von 10 Euro täglich sind anzurechnen.

Wichtig: Diese Anrechnung hat auch zu erfolgen, wenn zwar vor der Krankenhausbehandlung eine medizinische Rehabilitationsmaßnahme des Rentenversicherungsträgers erfolgt, die Zuzahlung aber tatsächlich erst nach der Krankenhausbehandlung geleistet worden ist.

Hat die Krankenkasse Zuzahlungsbeträge erhalten und stellt sich nachträglich heraus, dass wegen einer vorausgegangenen Rehabilitationsmaßnahme noch eine Zuzahlungsverpflichtung gegenüber dem Rentenversicherungsträger besteht, findet ein nachträglicher Ausgleich der Zuzahlungsbeträge zwischen Krankenkasse und Rentenversicherungsträger statt.

Die während einer stationären Rehabilitationsmaßnahme der Krankenversicherung zu leistende Zuzahlung ist ebenfalls anzurechnen.

In der Praxis händigen die Krankenhäuser dem Patienten bei der Aufnahme ein Merkblatt aus, das ihn auf die gesetzliche Verpflichtung zur Zuzahlung an das Krankenhaus hinweist.

Wichtig: In dem Merkblatt werden auch die Fälle beschrieben, in denen keine Zuzahlungspflicht besteht.

Abrechnungsregelungen

Das Krankenhaus zieht vom Versicherten während seines Krankenhausaufenthalts den anfallenden Zuzahlungsbetrag ein und rechnet ihn mit der Krankenkasse ab.

Zahlt der Versicherte trotz einer gesonderten schriftlichen Aufforderung durch das Krankenhaus nicht, hat die Krankenkasse die Zahlung einzuziehen.

4

Die Zuzahlungen sind nur bis zur Höhe der Belastungsgrenze zu entrichten (vgl. Seite 114 ff.).

Die Zuzahlung ist – wie bereits erwähnt – für 28 Kalendertage im Jahr zu entrichten. Bei der Prüfung, ob die 28-Tage-Frist abgelaufen ist, sind mehrere Krankenhausaufenthalte innerhalb eines Kalenderjahres zusammenzurechnen.

Für die Dauer einer erneuten Krankenhausbehandlung im selben Kalenderjahr entfällt eine Zuzahlung, wenn bei einem früheren Aufenthalt die Gesamtdauer der Zuzahlung erfüllt wurde. Ist die 28-Tage-Frist bereits abgelaufen, tritt bei ununterbrochener Krankenhausbehandlung keine Zahlungspflicht ein, auch dann nicht, wenn ein neues Kalenderjahr beginnt.

Sofern bei Jahreswechsel die Zuzahlungsdauer noch nicht erschöpft ist, ist die noch fehlende Zeit im neuen Kalenderjahr anzusetzen. Wird dann im neuen Kalenderjahr erneut Krankenhausbehandlung erforderlich, ist die während desselben Kalenderjahres bereits entrichtete Zuzahlung zu berücksichtigen.

Stationäre Hospize

Versicherte, die keiner Krankenhausbehandlung bedürfen, haben Anspruch auf einen Zuschuss zu stationärer oder teilstationärer Versorgung in Hospizen, in denen palliativ-medizinische Behandlung (lindernde, nicht heilende Behandlung) erbracht wird. Voraussetzung ist, dass eine ambulante Versorgung im Haushalt oder der Familie des Versicherten nicht erbracht werden kann.

Die Höhe des Zuschusses ist in der Satzung der Krankenkasse festzulegen. Er darf im Jahr 2016 kalendertäglich 261,45 Euro nicht unterschreiten.

Wichtig: Unter Anrechnung der Leistungen anderer Sozialleistungsträger dürfen die tatsächlichen kalendertäglichen Kosten der Hospizbehandlung nicht überschritten werden.

In einer Rahmenvereinbarung zwischen den Spitzenverbänden der Krankenkassen und der Bundesarbeitsgemeinschaft Hospiz e. V. sind Einzelheiten über Art und Umfang sowie zur Sicherung der Qualität der stationären Hospizversorgung festgelegt worden.

4

Hospiz- und Palliativberatung, Versorgungsplanung

Seit 08.12.2015 haben Versicherte Anspruch auf individuelle Beratung und Hilfestellung durch die Krankenkasse zu den Leistungen der Hospiz- und Palliativversorgung (§ 39b SGB V). Der Anspruch umfasst auch eine Übersicht der Ansprechpartner der regional verfügbaren Beratungs- und Versorgungsangebote. Die Krankenkasse leistet bei Bedarf Hilfestellung bei der Kontaktaufnahme und Leistungsinanspruchnahme.

Auf Verlangen des Versicherten sind Angehörige und andere Vertrauenspersonen an der Beratung zu beteiligen. Im Auftrag des Versicherten informiert die Krankenkasse die Leistungserbringer und Einrichtungen, die an der Versorgung des Versicherten mitwirken, über die wesentlichen Beratungsinhalte und Hilfestellungen oder händigt dem Versicherten zu diesem Zweck ein entsprechendes Begleitschreiben aus.

Wichtig: Maßnahmen nach dieser Vorschrift und die dazu erforderliche Erhebung, Verarbeitung und Nutzung personenbezogener Daten dürften nur mit schriftlicher Einwilligung und nach vorheriger schriftlicher Information des Versicherten erfolgen. Die Einwilligung kann jederzeit schriftlich widerrufen werden. Die

Krankenkassen dürfen diese Aufgaben an andere Krankenkassen, deren Verbände oder Arbeitsgemeinschaften übertragen.

Möglichkeiten der persönlichen Vorsorge in der letzten Lebensphase

Nach § 39b Abs. 2 SGB V informiert die Krankenkasse ihre Versicherten in allgemeiner Form über die Möglichkeiten persönlicher Vorsorge für die letzte Lebensphase, insbesondere zur:

- Patientenverfügung

- Vorsorgevollmacht

- Betreuungsverfügung

Näheres regelt der Spitzenverband Bund der Krankenkassen.

4 Zugelassene Pflegeeinrichtungen im Sinne der Pflegeversicherung und Einrichtungen der Eingliederungshilfe für behinderte Menschen können den Versicherten in den Einrichtungen eine gesundheitliche Versorgungsplanung für die letzte Lebensphase anbieten (§ 132g SGB V).

> **Praxis-Tipp:**
> Beachten Sie zum Thema persönliche Vorsorge den ebenfalls im Walhalla Fachverlag erschienenen Ratgeber „Vorsorgen: Keine Frage des Alters", ISBN 978-3-8029-3943-3.

Beratung und Fallbesprechung

Versicherte sollen über die medizinisch-pflegerische Versorgung und Betreuung in der letzten Lebensphase beraten werden, insbesondere zu Hilfen und Angeboten der Sterbebegleitung.

Bei der Fallbesprechung soll nach den individuellen Bedürfnissen des Versicherten vor allem auf medizinische Abläufe in der letzten Lebensphase und während des Sterbeprozesses eingegangen werden. Außerdem sollen mögliche Notfallsituationen besprochen und geeignete einzelne Maßnahmen der palliativ-medizinischen, palliativ-pflegerischen und psychosozialen Versorgung dargestellt werden. Die Fallbesprechung ist bei wesentlicher Änderung des Versorgungs- und Pflegebedarfs mehrfach möglich.

In die Fallbesprechung sind der den Versicherten behandelnde Hausarzt oder sonstige Leistungserbringer einzubeziehen. Auf Wunsch des Versicherten sind Angehörige und weitere Vertrauenspersonen zu beteiligen. Für mögliche Notfallsituationen soll die erforderliche Übergabe des Versicherten an relevante Rettungsdienste und Krankenhäuser vorbereitet werden. Auch andere regionale Betreuungs- und Versorgungsangebote sind zu berücksichtigen, um die umfassende medizinische, pflegerische, hospizliche und seelsorgerische Begleitung nach Maßgabe der individuellen Versorgungsplanung für die letzte Lebensphase sicherzustellen. Das Beratungsangebot kann auch in Kooperation mit anderen regionalen Beratungsstellen durchgeführt werden.

4

Kurzzeitpflege bei fehlender Pflegebedürftigkeit

Das Krankenhausstrukturgesetz (KHSG) vom 10.12.2015 hat mit Wirkung seit 01.01.2016 § 39c SGB V geschaffen. Reichen danach Leistungen der häuslichen Krankenpflege nach § 37 Abs. 1a SGB V (vgl. Seite 93 ff.) bei schwerer Krankheit oder wegen akuter Verschlimmerung einer Krankheit nicht aus, erbringt die Krankenkasse die erforderliche Kurzzeitpflege entsprechend § 42 SGB XI für eine Übergangszeit. Hier kommen insbesondere Fälle infrage nach

- einem Krankenhausaufenthalt,
- einer ambulanten Operation oder
- einer ambulanten Krankenhausbehandlung.

Voraussetzung ist, dass keine Pflegebedürftigkeit im Sinne des SGB XI festgestellt ist.

Der Anspruch auf Kurzzeitpflege nach § 39c SGB V ist wie in der Pflegeversicherung auf acht Wochen im Kalenderjahr begrenzt. Die Krankenkasse übernimmt bis zu einem Gesamtbetrag von 1.612 Euro im Kalenderjahr:

- pflegebedingte Aufwendungen
- Aufwendungen der sozialen Betreuung

■ Aufwendungen für Leistungen der medizinischen Behandlungspflege

Die Leistung des § 39c SGB V kann in zugelassenen Einrichtungen nach dem SGB XI oder in anderen geeigneten Einrichtungen erbracht werden.

Über die Erbringung von Leistungen nach § 39c SGB V können die Krankenkassen oder ihre Landesverbände mit geeigneten Einrichtungen Verträge abschließen, soweit dies für eine bedarfsgerechte Versorgung notwendig ist (§ 132h SGB V).

Rehabilitationsmaßnahmen

Der Anspruch auf Rehabilitationsleistungen ist grundsätzlich im Sozialgesetzbuch – Neuntes Buch (SGB IX) geregelt. Dort sind die Rehabilitationsträger bestimmt, zu denen auch die gesetzlichen Krankenkassen zählen. Durch das Nachrangigkeitsprinzip sind beispielsweise bei Arbeitnehmern meist andere Sozialversicherungszweige, insbesondere die gesetzliche Rentenversicherung zuständig.

Die entsprechenden Leistungen der Krankenkassen zur medizinischen Rehabilitation werden in den §§ 40, 41 SGB V geregelt. Die Satzung der Krankenkasse kann zudem darüber hinausgehende Leistungen vorsehen.

Wichtig: Die Rehabilitationsleistungen der gesetzlichen Krankenversicherung sind keine Ermessens-, sondern Pflichtleistungen.

Sie lassen sich folgendermaßen skizzieren:

Rehabilitationsmaßnahmen

medizinische Rehabilitation

→ wenn → andere Sozialleistungsträger nicht zuständig sind (z. B. Rentenversicherungsträger)

↓

ambulante Rehabilitationsleistungen

→ in zugelassenen Einrichtungen

reicht nicht | dies aus:

stationäre Rehabilitation mit Unterkunft und Verpflegung

Dauer:
- ambulante Leistungen: längstens 20 Behandlungstage
- stationäre Behandlung: längstens drei Wochen

→ Verlängerung aus medizinischen Gründen ist möglich

maßgebende Spitzenorganisationen können eine Regeldauer bestimmen

↓

Leistungen können nur alle vier Jahre erbracht werden

↓

Zuzahlung: 10 Euro pro Kalendertag

→ nur bei Versicherten, die das 18. Lebensjahr vollendet haben

bei Anschlussrehabilitation nur längstens 28 Tage je Kalenderjahr

↓

gewährt wird auch: Belastungserprobung und Arbeitstherapie

---

medizinische Rehabilitation für Mütter und Väter

↓

in einer Einrichtung des Müttergenesungswerks oder einer gleichartigen Einrichtung

↓

Leistung kann in Form einer Mutter-Kind-Maßnahme (auch: Vater-Kind-Maßnahme) erbracht werden

↓

Zuzahlung (wenn das 18. Lebensjahr vollendet ist): 10 Euro

↓

Zuzahlungen werden nur bis zur Höhe der Belastungsgrenze erbracht

---

ergänzende Leistungen zur Rehabilitation

↓

Leistungen, die erforderlich sind, um das Ziel der Rehabilitation zu erreichen oder zu sichern

↓

keine Leistungen zur Teilhabe am Arbeitsleben oder zu allgemeinen sozialen Einrichtungen

↓

auch Patientenschulungsmaßnahmen für chronisch Kranke können erbracht werden

↓

Voraussetzung: Krankenkasse leitet Krankenbehandlung oder hat solche erbracht

↓

Wichtig: Medizinische Rehabilitationsleistungen der gesetzlichen Krankenversicherung sind keine Ermessens-, sondern Pflichtleistungen!

4

Leistungen bei Arbeitsunfähigkeit

5

Begriff der Arbeitsunfähigkeit

Unter Arbeitsunfähigkeit ist die Unfähigkeit zu verstehen, die Arbeitsleistung wegen Krankheit zu erbringen. In den Arbeitsunfähigkeits-Richtlinien des Gemeinsamen Bundesausschusses wird das näher definiert. Danach liegt Arbeitsunfähigkeit vor, wenn der Versicherte aufgrund von Krankheit seine ausgeübte Tätigkeit nicht mehr oder nur unter der Gefahr der Verschlimmerung der Erkrankung ausführen kann.

Wichtig: Arbeitsunfähigkeit liegt auch vor, wenn aufgrund eines bestimmten Krankheitszustands, der für sich allein noch keine Arbeitsunfähigkeit bedingt, absehbar ist, dass aus der Ausübung der Tätigkeit für die Gesundheit oder die Gesundung abträgliche Folgen erwachsen, die Arbeitsunfähigkeit unmittelbar hervorrufen.

Zwischen der Krankheit und der dadurch bedingten Unfähigkeit zur Fortsetzung der ausgeübten Tätigkeit muss ein kausaler Zusammenhang erkennbar sein. Deshalb hat der Arzt den Versicherten über Art und Umfang der tätigkeitsbedingten Anforderungen und Belastungen zu befragen und das Ergebnis der Befragung bei der Beurteilung von Grund und Dauer der Arbeitsunfähigkeit zu berücksichtigen.

In den Richtlinien des Gemeinsamen Bundesausschusses wird ausdrücklich darauf hingewiesen, dass die Feststellung der Arbeitsunfähigkeit und die Bescheinigung über ihre voraussichtliche Dauer wegen ihrer Tragweite für den Versicherten und ihrer arbeits- und sozialversicherungsrechtlichen sowie wirtschaftlichen Bedeutung besondere Sorgfalt erfordern.

Die Feststellung der Arbeitsunfähigkeit des Versicherten kann nur aufgrund von Krankheit vorgenommen werden. Dabei sind der körperliche, geistige und seelische Gesundheitszustand des Versicherten gleichermaßen zu berücksichtigen. Deshalb darf die Feststellung von Arbeitsunfähigkeit nur aufgrund ärztlicher Untersuchungen erfolgen.

Die ärztlich festgestellte Arbeitsunfähigkeit ist Voraussetzung für den Anspruch auf Entgeltfortzahlung im Krankheitsfall und für die Zahlung von Krankengeld.

Arbeitsunfähigkeitsbescheinigung

In der Regel besteht bei Arbeitsunfähigkeit eines Arbeitnehmers zunächst Anspruch auf Entgeltfortzahlung im Krankheitsfall. Die Arbeitsunfähigkeitsbescheinigung muss deshalb dem Arbeitgeber vorgelegt werden. Dafür ist der Arbeitnehmer verantwortlich.

Wichtige Regelungen

Bei Versicherten, die zum Zeitpunkt des Eintritts der Arbeitsunfähigkeit arbeitslos sind, ist Maßstab für die Arbeitsunfähigkeit nicht die vor der Arbeitslosigkeit ausgeübte Erwerbstätigkeit, sondern der Tätigkeitsbereich, der für eine Vermittlung des Arbeitslosen in Betracht kommt.

Rentner können, wenn sie noch eine Erwerbstätigkeit ausüben, insoweit auch durch Krankheit arbeitsunfähig werden.

Ist eine Dialysebehandlung lediglich während der vereinbarten Arbeitszeit möglich, besteht für deren Dauer, die Zeit der Anfahrt zur Dialyseeinrichtung und für die nach der Dialyse erforderliche Ruhenszeit Arbeitsunfähigkeit. Dasselbe gilt für andere extrakorporale Hämotherapieverfahren.

Wichtig: Die Bescheinigung für im Voraus feststehende Termine sollte in Absprache mit dem Versicherten in einer für dessen Belange zweckmäßigen Form erfolgen.

Ist ein für die Ausübung der Tätigkeit oder das Erreichen des Arbeitsplatzes erforderliches Hilfsmittel (z. B. Körperersatzstück) defekt, besteht Arbeitsunfähigkeit so lange, bis die Reparatur des Hilfsmittels beendet oder ein Ersatz des defekten Hilfsmittels erfolgt ist.

Seit 23.07.2015 haben Versicherte Anspruch auf individuelle Beratung und Hilfestellung durch die Krankenkasse darüber, welche Leistungen und unterstützenden Angebote zur Wiederherstellung der Arbeitsfähigkeit erforderlich sind. Diese Maßnahmen und die dazu erforderliche Erhebung, Verarbeitung und Nutzung personenbezogener Daten dürfen nur mit schriftlicher Einwilligung und nach vorheriger schriftlicher Information des Versicherten erfolgen. Die Einwilligung kann jederzeit schriftlich widerrufen werden.

5

Die Krankenkassen dürfen die vorstehenden Aufgaben an andere Sozialleistungsträger übertragen.

Krankengeldbezug

Während der Zeit des Krankengeldbezugs besteht Arbeitsunfähigkeit, die vom Arzt auf der Bescheinigung zum Zweck der Erlangung von Krankengeld zu attestieren ist.

Diese Bescheinigung soll in der Regel nicht für einen mehr als sieben Tage zurückliegenden und nicht mehr als zwei Tage im Voraus liegenden Zeitraum erfolgen. Ist es aufgrund der Erkrankung oder eines besonderen Krankheitsverlaufs offensichtlich sachgerecht, können längere Zeiträume der Arbeitsunfähigkeit bescheinigt werden.

Der Arzt darf die Bescheinigung über die letzte Arbeitsunfähigkeitsperiode zum Zweck der Erlangung von Krankengeld dann nicht ausstellen, wenn der Kranke entgegen ärztlicher Anordnung und ohne triftigen Grund länger als eine Woche nicht zur Behandlung gekommen ist und bei der Untersuchung arbeitsfähig befunden wird. In diesem Fall darf lediglich die Arbeitsfähigkeit ohne den Tag ihres Wiedereintritts bescheinigt werden. Zusätzlich ist der vorletzte Behandlungstag anzugeben.

Stufenweise Wiedereingliederung

Eine besondere Bedeutung kommt heute der stufenweisen Wiedereingliederung in das Arbeitsleben zu. Bei wochen- oder monatelang fortbestehender Arbeitsunfähigkeit kann eine Rückkehr an den Arbeitsplatz auch bei weiterhin notwendiger Behandlung sowohl betrieblich möglich als auch aus therapeutischen Gründen angezeigt sein.

Über den Weg der stufenweisen Wiedereingliederung wird der Arbeitnehmer individuell, das heißt je nach Krankheit und bisheriger Arbeitsunfähigkeitsdauer schonend, aber kontinuierlich bei fortbestehender Arbeitsunfähigkeit an die Belastungen seines Arbeitsplatzes herangeführt.

Der Arbeitnehmer erhält damit die Möglichkeit, seine Belastbarkeit entsprechend dem Stand der wiedererreichten körperlichen, geistigen und seelischen Leistungsfähigkeit allmählich zu steigern. Dabei sollte die Wiedereingliederungsphase in der Regel einen Zeitraum von sechs Monaten nicht überschreiten.

Wichtig: Während der stufenweisen Wiedereingliederung besteht die Arbeitsunfähigkeit und somit auch der Krankengeldanspruch weiter. Zahlt der Arbeitgeber trotzdem das volle Arbeitsentgelt oder zumindest einen Teil weiter, ruht der Krankengeldanspruch, bzw. das teilweise gezahlte Arbeitsentgelt wird auf das Krankengeld angerechnet.

Voraussetzung für die stufenweise Wiedereingliederung ist die Erklärung der Freiwilligkeit durch Unterschrift des Versicherten auf dem hierfür vorgeschriebenen Vordruck. Auf diesem hat der Arzt die tägliche Arbeitszeit und diejenigen Tätigkeiten anzugeben, die der Versicherte während der Phase der Wiedereingliederung ausüben kann bzw. denen er nicht ausgesetzt werden darf. Lehnt der Arbeitgeber die Wiedereingliederung ab, soll er eine ablehnende Stellungnahme ebenfalls auf dem Vordruck bescheinigen.

5

Beginn und Dauer des Krankengeldanspruchs

Der Anspruch auf Krankengeld entsteht:

- bei Krankenhausbehandlung oder Behandlung in einer Vorsorge- oder Rehabilitationseinrichtung von ihrem Beginn an

- im Übrigen von dem Tag der ärztlichen Feststellung der Arbeitsunfähigkeit an.

Der Anspruch auf Krankengeld bleibt jeweils bis zu dem Tag bestehen, an dem die weitere Arbeitsunfähigkeit wegen derselben Krankheit ärztlich festgestellt wird. Voraussetzung ist, dass diese ärztliche Feststellung spätestens am nächsten Werktag nach dem zuletzt bescheinigten Ende der Arbeitsunfähigkeit erfolgt. Insoweit gelten Samstage nicht als Werktage.

Für die nach dem Künstlersozialversicherungsgesetz versicherten selbstständigen Künstler und Publizisten entsteht der Anspruch auf Krankengeld von der siebten Woche der Arbeitsunfähigkeit an. Der Anspruch bereits vor der siebten Woche der Arbeitsunfähigkeit zu dem von der Satzung bestimmten Zeitpunkt, spätestens entsteht er jedoch mit Beginn der dritten Woche der Arbeitsunfähigkeit. Voraussetzung ist, dass der Versicherte gegenüber der Künstlersozialkasse eine entsprechende Erklärung abgibt und diese nicht widerruft.

Wichtig: Die Erklärung kann nur mit Wirkung vom Beginn eines auf ihren Eingang folgenden Kalendermonats an abgegeben und nur zum Ende eines Kalendermonats widerrufen werden. Für Versicherungsfälle, die vor dem Eingang der Erklärung bei der Künstlersozialkasse eingetreten sind, werden keine Leistungen erbracht.

Dem Grundsatz nach erhalten Versicherte Krankengeld ohne zeitliche Begrenzung. Für den Fall der Arbeitsunfähigkeit wegen derselben Krankheit wird Krankengeld jedoch für längstens 78 Wochen (546 Kalendertage) innerhalb von je drei Jahren, gerechnet vom Tag des Beginns der Arbeitsunfähigkeit an gewährt.

5 Tritt während der Arbeitsunfähigkeit eine weitere Krankheit hinzu, wird die Leistungsdauer nicht verlängert.

Für Versicherte, die im letzten Dreijahreszeitraum wegen derselben Krankheit für 78 Wochen Krankengeld bezogen haben, besteht nach Beginn eines neuen Dreijahreszeitraums ein neuer Anspruch auf Krankengeld wegen derselben Krankheit. Voraussetzung ist, dass sie bei Eintritt der erneuten Arbeitsunfähigkeit mit Anspruch auf Krankengeld versichert sind und in der Zwischenzeit mindestens sechs Monate

- nicht wegen dieser Krankheit arbeitsunfähig waren und
- erwerbstätig waren oder
- der Arbeitsvermittlung zur Verfügung standen.

Bei der Feststellung der Leistungsdauer des Krankengelds werden Zeiten, in denen der Anspruch auf Krankengeld ruht oder für die das Krankengeld versagt wird, wie Zeiten des Bezugs von Krankengeld berücksichtigt. Zeiten, für die kein Anspruch auf Krankengeld besteht, bleiben unberücksichtigt.

Der Anspruch auf Krankengeld ruht insbesondere, soweit und solange Versicherte laufendes Arbeitsentgelt erhalten und die Arbeitsunfähigkeit der Krankenkasse nicht gemeldet wird. Dies gilt allerdings nicht, wenn die Meldung innerhalb einer Woche nach Beginn der Arbeitsunfähigkeit erfolgt.

Wichtig: Das Gesetz lässt es nicht zu, dass Krankengeld und Rente zur gleichen Zeit bezogen werden. Das gilt allerdings nur in Zusammenhang mit der Rente wegen voller Erwerbsminderung oder der Vollrente wegen Alters aus der gesetzlichen Rentenversicherung.

Rente und Krankengeld

Werden Rentenleistungen von einem Zeitpunkt nach dem Beginn der Arbeitsunfähigkeit oder der stationären Behandlung an zuerkannt, erfolgt eine Kürzung des Krankengeldes um den Rentenzahlbetrag. Das gilt, wenn eine Rente wegen teilweiser Erwerbsminderung oder eine Teilrente wegen Alters gezahlt wird. Diese Grundsätze sind auch anzuwenden, wenn eine vergleichbare Leistung von einem Träger oder einer staatlichen Stelle im Ausland gezahlt wird.

Wichtig: Die Krankenkasse hat nicht das Recht, den Versicherten aufzufordern, einen Antrag auf Erwerbsminderungsrente zu stellen. Allerdings kann sie ihn dahingehend beraten, dass er einen Rentenantrag mit Aussicht auf Erfolg stellen kann. In der Praxis geschieht das nach der Untersuchung durch den MDK, wenn dort eine entsprechende Feststellung getroffen worden ist.

Besteht ein Anspruch auf Regelaltersrente, kann die Krankenkasse den Versicherten unter Fristsetzung (zehn Wochen) auffordern, einen Rentenantrag zu stellen. Geschieht das nicht, entfällt der Anspruch auf Krankengeld.

Die Rechtsfolgen beim Zusammentreffen von Rente und Krankengeld sind so geregelt:

Rente und Krankengeld

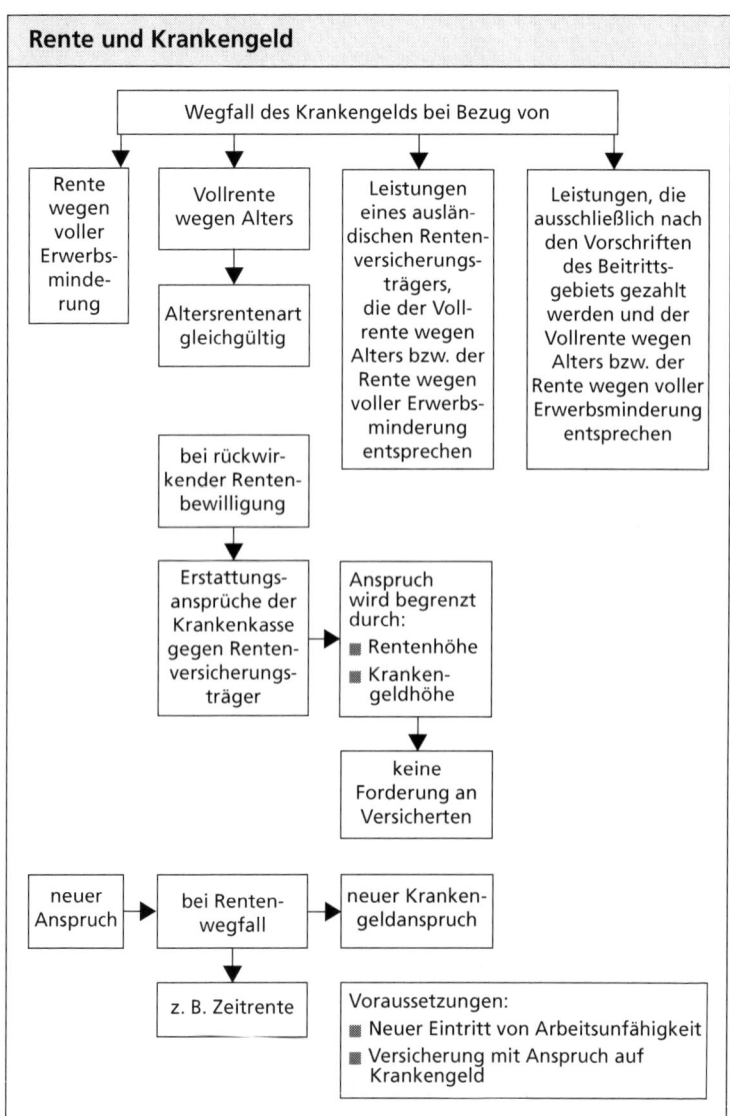

Wegfall des Krankengelds bei Bezug von

Rente wegen voller Erwerbsminderung

Vollrente wegen Alters
→ Altersrentenart gleichgültig

Leistungen eines ausländischen Rentenversicherungsträgers, die der Vollrente wegen Alters bzw. der Rente wegen voller Erwerbsminderung entsprechen

Leistungen, die ausschließlich nach den Vorschriften des Beitrittsgebiets gezahlt werden und der Vollrente wegen Alters bzw. der Rente wegen voller Erwerbsminderung entsprechen

bei rückwirkender Rentenbewilligung

Erstattungsansprüche der Krankenkasse gegen Rentenversicherungsträger → Anspruch wird begrenzt durch:
▪ Rentenhöhe
▪ Krankengeldhöhe

keine Forderung an Versicherten

neuer Anspruch → bei Rentenwegfall → neuer Krankengeldanspruch

z. B. Zeitrente

Voraussetzungen:
▪ Neuer Eintritt von Arbeitsunfähigkeit
▪ Versicherung mit Anspruch auf Krankengeld

5

Bei Bezug von Ruhegehalt, das nach beamtenrechtlichen Vorschriften oder Grundsätzen gezahlt wird, sowie von Vorruhestandsgeld endet der Krankengeldanspruch ebenfalls.

Aufforderung zum Antrag auf Leistungen zur Teilhabe

Welche Möglichkeiten die Krankenkasse hat, die Dauer der Krankengeldzahlung zu beeinflussen, entnehmen Sie bitte dem folgenden Schaubild:

5

Dauer der Krankengeldzahlung

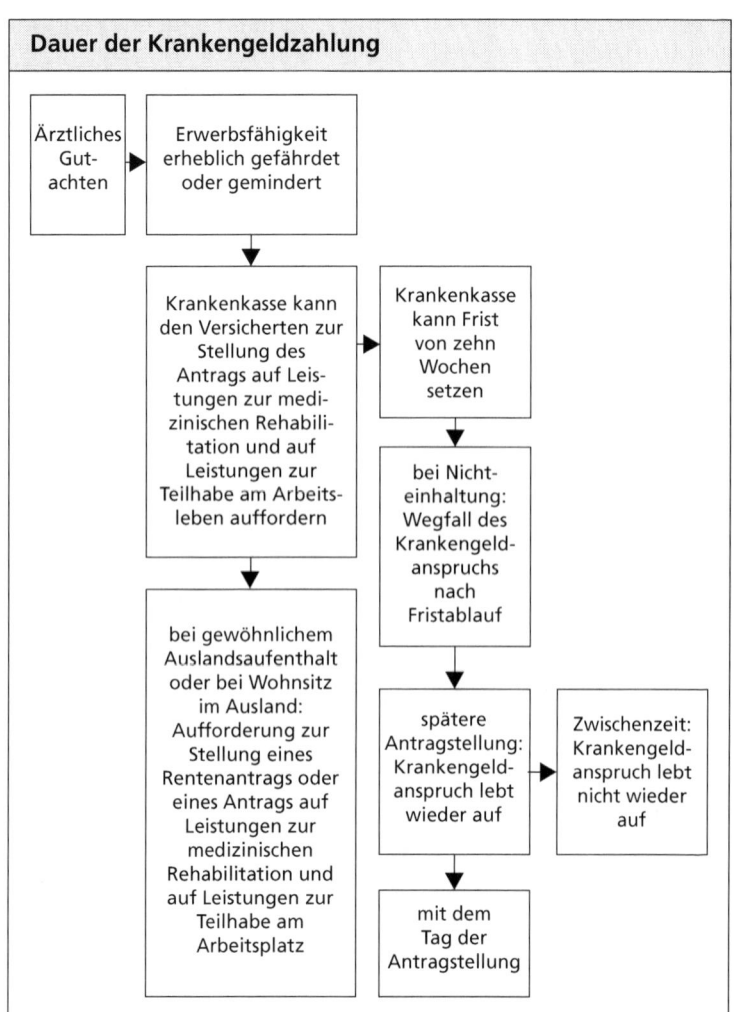

5

Höhe und Berechnung des Krankengelds

Das Krankengeld beträgt 70 Prozent des sogenannten Regelentgelts. Beim Regelentgelt handelt es sich um das erzielte regelmäßige Arbeitsentgelt und Arbeitseinkommen, soweit es der Beitragsberechnung unterliegt.

Das aus dem Arbeitsentgelt berechnete Krankengeld darf 90 Prozent des Nettoarbeitsentgelts nicht übersteigen.

Das Krankengeld wird für Kalendertage gezahlt. Ist es für einen ganzen Kalendermonat zu zahlen, ist dieser mit 30 Tagen anzusetzen.

Der Bemessungszeitraum für die Berechnung des Regelentgelts ist der letzte vor Beginn der Arbeitsunfähigkeit abgerechnete Entgeltabrechnungszeitraum. Es ist mindestens das während der letzten vier Wochen erzielte bzw. abgerechnete Arbeitsentgelt zu berücksichtigen.

Bei dem abgerechneten Entgeltabrechnungszeitraum handelt es sich um den Zeitraum, für den der Betrieb üblicherweise die Entgeltberechnung abgeschlossen hat.

5

Das im Bemessungszeitraum erzielte Arbeitsentgelt wird zunächst um ein einmalig gezahltes Arbeitsentgelt vermindert. Danach wird das Ergebnis mit der Zahl der sich aus dem Inhalt des Arbeitsverhältnisses ergebenden regelmäßigen wöchentlichen Arbeitsstunden vervielfacht und durch sieben geteilt.

Ist das Arbeitsentgelt nach Monaten bemessen oder ist eine Berechnung des Regelentgelts nach Vorstehendem nicht möglich, gilt der 30. Teil des im letzten vor Beginn der Arbeitsunfähigkeit abgerechneten Kalendermonats erzielten und um einmalig gezahltes Arbeitsentgelt verminderten Arbeitsentgelts als Regelentgelt.

Wenn mit einer Arbeitsleistung Arbeitsentgelt erzielt wird, das für Zeiten einer Freistellung vor oder nach dieser Arbeitsleistung fällig wird (Wertguthaben), ist für die Berechnung des Regelentgelts das im Bemessungszeitraum der Beitragsberechnung zugrunde liegende und um ein einmalig gezahltes Arbeitsentgelt verminderte Arbeitsentgelt maßgebend. Wertguthaben, die nicht gemäß einer Vereinbarung über flexible Arbeitszeitregelungen verwendet werden, bleiben außer Betracht.

Als regelmäßige wöchentliche Arbeitszeit gilt die Arbeitszeit, die dem gezahlten Arbeitsentgelt entspricht.

Für die Berechnung des Regelentgelts ist im Übrigen der 360. Teil des einmalig gezahlten Arbeitsentgelts, das in den letzten zwölf Kalendermonaten vor Beginn der Arbeitsunfähigkeit der Beitragsberechnung zugrunde gelegen hat, dem nach vorstehenden berechneten Arbeitsentgelt hinzuzurechnen.

Auch bei der Berechnung des Netto-Arbeitsentgelts wird einmalig gezahltes Entgelt berücksichtigt.

Praxis-Tipp:

Achten Sie darauf, dass die Ihnen zustehenden Freibeträge bei Ihrer Steuerberechnung berücksichtigt werden. Das senkt Ihre Steuerlast und erhöht Ihr Nettoeinkommen. Davon wiederum profitieren Sie beim Bezug von Krankengeld.

5

Besonderheiten bei der Krankengeldberechnung gibt es bei Beziehern von Arbeitslosengeld, Unterhaltsgeld oder Kurzarbeitergeld.

Die dem Krankengeld zugrunde liegende Bemessungsgrundlage wird jeweils nach Ablauf eines Jahres seit dem Ende des Bemessungszeitraums angepasst. Das geschieht entsprechend der Veränderung der Bruttolohn- und -gehaltssumme je durchschnittlich beschäftigten Arbeitnehmer vom vorvergangenen zum vergangenen Kalenderjahr.

Rechtsgrundlage für die Anpassung selbst ist § 50 SGB IX.

Zur Berechnung von Krankengeld wird das Regelentgelt bis zur Höhe des Betrags der kalendertäglichen Beitragsbemessungsgrenze berücksichtigt. Im Jahr 2016 sind hier 141,25 Euro maßgebend. Dieser Betrag gilt im gesamten Bundesgebiet. Hieraus errechnet sich ein Höchstkrankengeld von 98,88 Euro für 2016 pro Kalendertag.

Sonderfall: Krankengeld bei Erkrankung eines Kindes

Für die Gewährung von Krankengeld bei Erkrankung eines Kindes ist nicht Voraussetzung, dass der Arbeitnehmer arbeitsunfähig ist, sondern dass ein Kind krank ist.

Rechtsgrundlage für die Gewährung von Krankengeld bei Erkrankung eines Kindes ist § 45 SGB V. Danach erhalten Versicherte Krankengeld, wenn es nach ärztlichem Zeugnis erforderlich ist, dass der Versicherte zur Beaufsichtigung, Betreuung oder Pflege seines erkrankten und versicherten Kindes der Arbeit fernbleibt. Voraussetzung ist auch, dass eine andere im Haushalt des Versicherten lebende Person die Beaufsichtigung, Betreuung oder Pflege nicht übernehmen kann und das Kind das 12. Lebensjahr noch nicht vollendet hat oder behindert und auf Hilfe angewiesen ist. Für schwerstkranke Kinder (z. B. Lebenserwartung von wenigen Wochen oder Monaten) entfällt die Altersgrenze.

Wichtig: Das Krankengeld bei Erkrankung eines Kindes kommt nur in Betracht, wenn es sich bei dem Versicherten um einen Arbeitnehmer handelt und sein Versicherungsverhältnis einen Krankengeldanspruch einschließt.

Krankengeld kommt sowohl in den Fällen in Betracht, in denen das erkrankte Kind zu Hause der Beaufsichtigung oder Pflege bedarf, als auch, wenn es von dem Versicherten zur ärztlichen Behandlung gebracht werden muss (Betreuung).

Die Notwendigkeit der Beaufsichtigung, Betreuung oder Pflege wegen der Erkrankung des Kindes muss von einem Vertragsarzt unter Angabe der Diagnose bescheinigt werden.

Darüber, dass keine andere Person im Haushalt lebt, die die Beaufsichtigung, Betreuung und Pflege des Kindes übernehmen kann, genügt in der Praxis eine entsprechende Erklärung des Arbeitnehmers.

Das 12. Lebensjahr des Kindes ist mit dem Tag vor dem zwölften Geburtstag vollendet.

Wichtig: Vollendet das Kind während des Krankengeldbezugs das 12. Lebensjahr, entfällt der Anspruch sofort.

5

Das Krankengeld wird von dem Tag an gezahlt, an dem die Voraussetzungen für seine Gewährung vorliegen.

Dauer des Krankengeldanspruchs

In jedem Kalenderjahr besteht der Anspruch auf Krankengeld pro Kind für längstens zehn Arbeitstage. Der Anspruch kann für jedes Kind sowohl bei der Krankenkasse des Vaters als auch der der Mutter begründet werden. Das hat zur Folge, dass ggf. für dasselbe Kind zweimal ein Anspruch für maximal zehn Arbeitstage in jedem Kalenderjahr besteht. Bei welcher Krankenkasse das Kind versichert ist, ist dabei unerheblich. Bei schwerstkranken Kindern besteht der Anspruch nur für einen Elternteil, allerdings zeitlich unbeschränkt.

Wichtig: Für alleinerziehende Versicherte besteht der Anspruch längstens für 20 Arbeitstage. Er ist im Übrigen bei mehreren Kindern auf nicht mehr als 25 Arbeitstage beschränkt, für alleinerziehende Versicherte auf nicht mehr als 50 Arbeitstage je Kalenderjahr.

Wollen Versicherte, dass ein Elternteil seinen Anspruch auf den anderen Elternteil überträgt, dessen Anspruch auf Kinderkrankengeld wegen Zeitablaufs erschöpft ist, entspricht die Krankenkasse nach einer Vereinbarung diesem Wunsch. Allerdings setzt das das Einverständnis der beteiligten Arbeitgeber voraus.

Das Krankengeld ist auch dann für die aufgeführten Höchstbezugszeiten zu zahlen, wenn der Versicherte regelmäßig an sechs bzw. sieben Tagen in der Woche arbeitet.

Für die Feststellung der Höchstbezugsdauer innerhalb eines Kalenderjahres sind einzelne Bezugszeiten auch bei einem Wechsel des Arbeitsverhältnisses oder der Krankenkasse zusammenzurechnen.

Arbeitstage, an denen der Versicherte nur teilweise der Arbeit ferngeblieben ist und für die deshalb nur ein Teil-Krankengeld gezahlt wird, sind auf die Höchstbezugsdauer voll anzurechnen.

Es kommt für die Berechnung der Tage, an denen ein Krankengeldanspruch zusteht, übrigens nicht darauf an, wie viele Stunden an den einzelnen Arbeitstagen gearbeitet wird.

Wichtig: Bleiben Versicherte an einzelnen Arbeitstagen nur stundenweise von der Arbeit wegen der Kinderversorgung fern und erhalten sie hierfür den Verdienstausfall von ihrem Arbeitgeber, sind diese Tage nicht auf die Krankengeldhöchstbezugsdauer anzurechnen.

Praxis-Tipp:

Erkranken mehrere Kinder gleichzeitig – und ggf. bei Wiedererkrankung eines dieser Kinder –, empfiehlt es sich, die Zuordnung, erforderlichenfalls rückwirkend, so zu bestimmen, dass die jeweils maßgebende Höchstbezugszeit für jedes erkrankte Kind ausgeschöpft werden kann.

Aufgrund einer Absprache zwischen den Krankenkassen akzeptieren diese entsprechende Zuordnungswünsche des Versicherten nicht nur, sondern machen selbst entsprechende, für den Versicherten günstige Vorschläge.

5

Berechnung des Kinderkrankengelds

Anders als beim Krankengeld aus Anlass der Arbeitsunfähigkeit des Versicherten, das einen Entgeltersatz für längere Zeiträume der Arbeitsunfähigkeit (bis zu 78 Wochen) sicherstellen soll, ist das Kinderkrankengeld eine sehr kurzfristige Leistung, die nur wenige Tage jährlich beansprucht werden kann. Dem Entgeltersatzcharakter des wegen Arbeitsunfähigkeit des Versicherten gewährten Krankengelds wird die Berechnung auf Basis des regelmäßigen Arbeitsentgelts vor Eintritt der Arbeitsunfähigkeit gerecht.

Um die Besonderheit eines kurzfristigen Entgeltausgleichs wie dem Kinderkrankengeld zu berücksichtigen und die Berechnung dieser Leistung transparenter, gerechter und unbürokratischer zu gestalten, erfolgt die Berechnung des Kinderkrankengelds seit 01.01.2015 aufgrund einer neuen Berechnungsbasis. Als Grundlage wird seitdem nicht mehr das vor der Freistellung von der Arbeit erzielte, sondern das währenddessen ausgefallene Arbeitsentgelt herangezogen. Für die Prüfung der Höchstanspruchsdauer sind dabei die Arbeitstage maßgebend, während Kalendertage für die Krankengeldzahlung verwendet werden.

Zur Berechnung des Kinderkrankengelds sind beim Arbeitgeber weniger Angaben zu erheben als beim Krankengeld aus Anlass der Arbeitsunfähigkeit des Versicherten, nämlich:

- Angaben zum Mitglied und zum erkrankten Kind
- Ausgefallenes Bruttoarbeitsentgelt
- Ausgefallenes Nettoarbeitsentgelt
- Freistellungszeitraum von der Arbeit
- Zahl der ausgefallenen Arbeitstage zur Berücksichtigung der Höchstanspruchsdauer
- Information darüber, ob in den letzten zwölf Kalendermonaten vor der Freistellung beitragspflichtige Einmalzahlungen geleistet wurden

Als Brutto-Krankengeld werden 90 Prozent – bei Bezug von beitragspflichtigen Einmalzahlungen in den letzten zwölf Kalendermonaten vor der Freistellung von der Arbeit unabhängig von deren Höhe 100 Prozent – des ausgefallenen Nettoarbeitsentgelts gezahlt.

Das kalendertägliche Krankengeld bei Erkrankung eines Kindes darf 70 Prozent der kalendertäglichen Beitragsbemessungsgrenze in der Krankenversicherung nicht übersteigen.

Bei schwerstkranken Kindern wird das Kinderkrankengeld wegen des unbestimmten, häufig längeren Freistellungszeitraums allein nach den Maßgaben berechnet und gezahlt, die für das Krankengeld bei Arbeitsunfähigkeit des Arbeitnehmers gelten (vgl. Seite 136 ff.).

Freistellungsanspruch gegen den Arbeitgeber

Versicherte, denen ein Anspruch auf Kinderkrankengeld zusteht, haben für die Dauer dieses Anspruchs gegen ihren Arbeitgeber Anspruch auf unbezahlte Freistellung von der Arbeitsleistung, soweit nicht aus dem gleichen Grund Anspruch auf bezahlte Freistellung besteht.

Wird der vorstehende Freistellungsanspruch geltend gemacht, bevor der Träger der Krankenversicherung seine Leistungsverpflichtung anerkannt hat, ohne dass die Voraussetzungen dafür erfüllt sind, ist der Arbeitgeber berechtigt, die gewährte Freistellung von der Arbeitsleistung auf einen späteren Freistellungsanspruch zur Beaufsichtigung, Betreuung oder Pflege eines erkrankten Kindes anzurechnen.

Krankengeld bei Organ- und Gewebespenden

Seit 2012 wird Krankengeld bei der Spende von Organen, Geweben oder Blut zur Seperation von Blutstammzellen oder anderen Blutbestandteilen gewährt.

Das Krankengeld wird den Spendern von der Krankenkasse der Empfänger in Höhe des vor Beginn der Arbeitsunfähigkeit regelmäßig erzielten Nettoarbeitsentgelts oder Arbeitseinkommens bis zur Höhe des Betrags der kalendertäglichen Beitragsbemessungsgrenze geleistet (2016: 141,25 Euro).

5

Leistungen bei Mutterschaft

6

Ambulante Leistungen

Mitglieder und Familienversicherte haben bei Schwangerschaft und Mutterschaft Anspruch auf:

- Ärztliche Betreuung und Hebammenhilfe
- Versorgung mit Arznei-, Verband- und Heilmitteln
- Häusliche Pflege
- Haushaltshilfe

Ärztliche Betreuung

Zur ärztlichen Betreuung während der Schwangerschaft gehören die Untersuchungen zur Feststellung der Schwangerschaft sowie Vorsorgeuntersuchungen einschließlich der laborärztlichen Untersuchungen.

Mithilfe der ärztlichen Betreuung während der Schwangerschaft und nach der Entbindung sollen mögliche Gefahren für Leben und Gesundheit von Mutter und Kind abgewendet sowie Gesundheitsstörungen rechtzeitig erkannt und behandelt werden.

Die ärztliche Betreuung umfasst die Beratung der Schwangeren zur Mundgesundheit für Mutter und Kind einschließlich des Zusammenhangs zwischen Ernährung und Krankheitsrisiko sowie die Einschätzung oder Bestimmung des Übertragungsrisikos von Karies.

Vorrangiges Ziel der ärztlichen Schwangerenversorgung ist die frühzeitige Erkennung von Risikoschwangerschaften und -geburten.

Die Ansprüche auf ärztliche Betreuung und Hebammenhilfe bestehen während der Schwangerschaft und nach der Entbindung.

Wichtig: Schwangerschaftsbeschwerden sind an und für sich typische mit der Schwangerschaft einhergehende Beschwerden. Gehen die Schwangerschaftsbeschwerden über das übliche Maß hinaus, besteht ein Anspruch gegen die Krankenkasse im Rahmen der Krankenbehandlung und nicht auf Leistungen in Zusammenhang mit Schwangerschaft und Mutterschaft.

Für die Gewährung von Leistungen bei Mutterschaft (auch im Rahmen der in Kapitel 7 behandelten Familienversicherung) kommt für die Zeit nach der Entbindung als Nachweis der Anspruchsberechtigung die Geburtsbescheinigung (Geburtsurkunde) in Betracht. Ihre Ausstellung (für die Krankenversicherung) ist gebührenfrei.

Zur Leistung von Geburtshilfe sind, abgesehen von Notfällen, außer Ärztinnen und Ärzten nur Personen mit einer Erlaubnis zur Führung der Berufsbezeichnung Hebamme oder Entbindungspfleger berechtigt. Besonderheiten gelten für Staatsangehörige eines anderen Mitgliedstaats der Europäischen Union.

Die Geburtshilfe im vorstehenden Sinne umfasst die Überwachung des Geburtsvorgangs vom Beginn der Wehen an sowie die Hilfe bei der Geburt und die Überwachung des Wochenbettverlaufs.

Versorgung mit Arznei-, Verband- und Heilmitteln

Bei Schwangerschaftsbeschwerden und in Zusammenhang mit der Entbindung gewährt die Krankenkasse Arznei-, Verband- und Heilmittel.

Im Rahmen der Mutterschaftsvorsorge sind diese Leistungen nur zur Behandlung von Beschwerden zulässig, die schwangerschaftsbedingt sind, aber noch keinen Krankheitswert haben.

6

Haben sie Krankheitswert, sind die entsprechenden Leistungen im Rahmen des Anspruchs auf Krankenbehandlung durch die Krankenkasse zu erbringen. Vorbeugende medikamentöse Maßnahmen sind im Übrigen nur angezeigt, wenn sie medizinisch im Einzelfall notwendig sind, um ernstliche Gefahren von Mutter und Kind abzuwenden.

Wichtig: Sowohl bei Arznei-, Verband- und Heilmitteln als auch bei Hilfsmitteln sind die im Bereich der Krankenversicherung ansonsten vorgesehenen Zuzahlungen nicht zu entrichten (vgl. Seite 114 ff.). Das gilt auch im Fall einer stationären Behandlung aus Anlass der Entbindung.

Häusliche Pflege

Die Versicherte hat Anspruch auf häusliche Pflege, soweit diese wegen Schwangerschaft oder Entbindung erforderlich ist.

Dieser Anspruch besteht nur, soweit eine im Haushalt lebende Person die Kranke in dem erforderlichen Umfang nicht pflegen und versorgen kann.

Kann die Krankenkasse keine Kraft für die häusliche Krankenpflege stellen oder besteht Grund, davon abzusehen, sind der Versicherten die Kosten für eine selbst beschaffte Kraft in angemessener Höhe zu erstatten.

Praxis-Tipp:

Die häusliche Pflege ist bei der Krankenkasse grundsätzlich vor dem Tätigwerden der Pflegekraft zu beantragen. Dem Antrag ist eine ärztliche Bescheinigung beizufügen, die folgende Angaben enthält:

- Grund der häuslichen Pflege
- Art
- Intensität
- Voraussichtliche Dauer der erforderlichen Maßnahmen

Haushaltshilfe

Die Versicherte erhält Haushaltshilfe, soweit ihr wegen Schwangerschaft oder Entbindung die Weiterführung des Haushalts nicht möglich ist und eine andere im Haushalt lebende Person den Haushalt nicht weiterführen kann.

Kann die Krankenkasse keine Haushaltshilfe stellen oder besteht Grund, davon abzusehen, sind der Versicherten die Kosten für eine selbst beschaffte Haushaltshilfe in angemessener Höhe zu erstatten. Für Verwandte und Verschwägerte bis zum zweiten Grad werden keine Kosten erstattet. Die Krankenkasse kann jedoch die erforderlichen Fahrtkosten und den Verdienstausfall erstatten, wenn die Erstattung in einem angemessenen Verhältnis zu den sonst für eine Ersatzkraft entstehenden Kosten steht.

Auf die Ausführungen zum Anspruch auf Haushaltshilfe im Rahmen der Krankenbehandlung ab Seite 101 wird verwiesen.

Stationäre Leistungen

Wird die Versicherte zur Entbindung in ein Krankenhaus oder eine andere Einrichtung aufgenommen, hat sie für sich und das Neugeborene Anspruch auf Unterkunft, Pflege und Verpflegung. Für diese Zeit besteht kein Anspruch auf Krankenhausbehandlung.

Wählt eine Versicherte ohne zwingenden Grund eine andere als eine in der ärztlichen Einweisung genannte Einrichtung, können ihr die Mehrkosten ganz oder teilweise auferlegt werden.

Der Anspruch auf stationäre Entbindung beginnt mit dem Tag, an dem die Schwangere in ein Krankenhaus oder in eine andere Einrichtung zur Entbindung aufgenommen wird. Die Aufnahme erfolgt unter Umständen bereits einige Tage vor der Entbindung.

Wichtig: Während der stationären Entbindung besteht keine Verpflichtung, Eigenanteile zu entrichten.

Der Charakter der stationären Entbindung ändert sich im Übrigen nicht dadurch, dass die Frau vor der Entbindung wieder aus der Entbindungs- oder Krankenanstalt entlassen wird.

Befindet sich eine Frau bereits wegen einer Krankheit in Krankenhausbehandlung und wird sie nach der Geburt nicht auf die Wöchnerinnenstation verlegt, handelt es sich trotzdem vom Entbindungstage an um Entbindungsanstaltspflege.

Die Betreuung des gesunden Neugeborenen ist Bestandteil der stationären Entbindung der Mutter. Sofern das Neugeborene jedoch selbst der stationären Behandlung bedarf und wegen Krankheit in eine andere Abteilung desselben Krankenhauses oder in ein anderes Krankenhaus verlegt wird, liegt in der Person des Neugeborenen ein eigener Versicherungsfall vor.

Wichtig: Besteht für das Kind kein Anspruch mehr im Rahmen der stationären Entbindungsbehandlung, ist zu prüfen, inwieweit ein Anspruch aufgrund der Familienversicherung zu gewähren ist.

Sofern eine Versicherte erst nach der Entbindung in ein Krankenhaus aufgenommen wird, handelt es sich grundsätzlich nicht

6

um Entbindungsanstaltspflege, sondern ggf. um Krankenhausbehandlung. Allgemein wird aber davon ausgegangen, dass beispielsweise einer Frau, die deshalb erst nach der Entbindung in ein Krankenhaus aufgenommen wird, weil es zu einer Spontangeburt gekommen war, stationäre Entbindung zu gewähren ist.

Geldleistungen

Weibliche Mitglieder, die bei Arbeitsunfähigkeit Anspruch auf Krankengeld haben oder denen wegen Schutzfristen vor und nach der Entbindung kein Arbeitsentgelt gezahlt wird, erhalten Mutterschaftsgeld.

Rechtsgrundlage ist § 24i SGB V. Für Mitglieder, die bei Beginn der Schutzfrist vor der Entbindung in einem Arbeitsverhältnis stehen oder in Heimarbeit beschäftigt sind oder deren Arbeitsverhältnis während ihrer Schwangerschaft vom Arbeitgeber durch zulässige Kündigung (Ausnahmefälle) aufgelöst worden ist, wird als Mutterschaftsgeld das Nettoarbeitsentgelt gezahlt.

6

Seit 23.07.2015 erhalten auch Frauen Mutterschaftsgeld

- deren Arbeitsverhältnis unmittelbar vor Beginn der Schutzfrist vor der Entbindung (6 Wochen) endet, wenn sie am letzten Tag des Arbeitsverhältnisses Mitglied einer Krankenkasse waren, oder

- die zu Beginn der Schutzfrist vor der Entbindung die Voraussetzungen für den Anspruch auf Mutterschaftsgeld deshalb nicht erfüllen, weil ihr Arbeitslosengeldanspruch nach §§ 157 bis 159 Sozialgesetzbuch – Drittes Buch (SGB III) ruht (Ruhen bei Entgeltgewährung oder Verhängung einer Sperrzeit).

Anspruch besteht auf das um die gesetzlichen Abzüge verminderte durchschnittliche kalendertägliche Arbeitsentgelt der letzten drei abgerechneten Kalendermonate vor Beginn der Schutzfrist vor der Entbindung. Es beträgt höchstens 13 Euro vor Beginn der Schutzfrist vor der Entbindung.

Wichtig: Einmalig gezahltes Arbeitsentgelt sowie Tage, an denen infolge von Kurzarbeit, Arbeitsausfällen oder unverschuldeter

Arbeitsversäumnis kein oder ein vermindertes Arbeitsentgelt gezahlt wurde, bleiben außer Betracht.

Ist danach keine Berechnung möglich, ist das durchschnittliche kalendertägliche Arbeitsentgelt einer gleichartig Beschäftigten zugrunde zu legen.

Übersteigt das Arbeitsentgelt 13 Euro kalendertäglich, wird der übersteigende Betrag vom Arbeitgeber oder vom Bund gezahlt.

Für andere Mitglieder wird das Mutterschaftsgeld in Höhe des Krankengelds gezahlt.

Das Mutterschaftsgeld wird gezahlt für:

- die letzten sechs Wochen vor der Entbindung
- den Entbindungstag
- die ersten acht Wochen nach der Entbindung bzw.
- die ersten zwölf Wochen nach der Entbindung bei Mehrlings- und Frühgeburten

Bei Frühgeburten und sonstigen vorzeitigen Geburten verlängert sich die Bezugsdauer um den Zeitraum, der vor der Entbindung wegen der Frühgeburt bzw. der sonstigen vorzeitigen Geburt nicht in Anspruch genommen werden konnte.

6

Für die Zahlung des Mutterschaftsgelds vor der Entbindung ist das Zeugnis eines Arztes oder einer Hebamme maßgebend, in dem der mutmaßliche Entbindungstag angegeben ist. Das Zeugnis darf nicht früher als eine Woche vor Beginn der Schutzfrist vor der Entbindung ausgestellt sein. Bei Geburten nach dem mutmaßlichen Entbindungstag verlängert sich die Bezugsdauer vor der Geburt entsprechend.

Der Anspruch auf Mutterschaftsgeld ruht, soweit und solange das Mitglied beitragspflichtiges Arbeitsentgelt, Arbeitseinkommen oder Urlaubsabgeltung erhält. Das gilt nicht für einmalig gezahltes Arbeitsentgelt.

Familienversicherung

7

Anspruchsberechtigte

Die Familienversicherung ist eine wichtige Besonderheit der gesetzlichen Krankenversicherung. Sie ist – anders als in der privaten Krankenversicherung – kostenlos. Ein Umstand, der seit Jahren immer wieder für Diskussionsstoff sorgt. In der privaten Krankenversicherung müssen Familienangehörige ebenfalls – und zwar gegen Beitragszahlung – versichert werden.

Rechtsgrundlage für die Familienversicherung ist § 10 SGB V. Danach sind versichert:

- Ehegatte bzw. gleichgeschlechtlicher Lebenspartner

- Kinder

- Kinder von versicherten Kindern

Voraussetzung für die Familienversicherung ist, dass der betreffende Familienangehörige:

- seinen Wohnsitz oder gewöhnlichen Aufenthalt im Inland hat

- nicht pflicht- oder freiwillig versichert ist (in der gesetzlichen Krankenversicherung)

- nicht versicherungsfrei (z. B. als Beamter) oder nicht von der Versicherungspflicht befreit ist, dabei bleibt allerdings die Versicherungsfreiheit als geringfügig Beschäftigter außer Betracht

- nicht hauptberuflich selbstständig erwerbstätig ist und

- kein Gesamteinkommen hat, das regelmäßig im Monat ein Siebtel der monatlichen Bezugsgröße überschreitet

Ein Siebtel der Bezugsgröße beläuft sich im Jahr 2016 auf 415 Euro. Bei Renten wird der Zahlbetrag ohne den auf Entgeltpunkte für Kindererziehungszeiten entfallenden Teil berücksichtigt. Bei Familienangehörigen, die als geringfügig entlohnte Beschäftigte tätig sind, beträgt der Grenzwert 450 Euro.

Wichtig: Bei der Familienversicherung handelt es sich um eine selbstständige Versicherung. Die Familienangehörigen haben also eigene Ansprüche.

In diesem Zusammenhang ist § 36 SGB I zu beachten, der sich mit der Handlungsfähigkeit im Sozialrecht beschäftigt. Wer danach das 15. Lebensjahr vollendet hat, kann Anträge auf Sozialleistungen stellen und verfolgen sowie Sozialleistungen entgegennehmen. Der Leistungsträger soll den gesetzlichen Vertreter über die Antragstellung und die erbrachten Sozialleistungen unterrichten.

Die Handlungsfähigkeit kann vom gesetzlichen Vertreter durch schriftliche Erklärung gegenüber dem Leistungsträger eingeschränkt werden. Die Rücknahme von Anträgen sowie beispielsweise der Verzicht auf Sozialleistungen bedürfen der Zustimmung des gesetzlichen Vertreters.

Als Kinder im Sinne der Familienversicherung gelten auch Pflegekinder, Stiefkinder und Enkel, die das Mitglied überwiegend unterhält. Kinder, die mit dem Ziel der Annahme als Kind in die Obhut des Annehmenden aufgenommen sind und für die die zur Annahme erforderliche Einwilligung der Eltern erteilt ist, gelten als Kinder des Annehmenden und nicht mehr als Kinder der leiblichen Eltern. Stiefkinder sind auch die Kinder des (gleichgeschlechtlichen) Lebenspartners eines Mitglieds.

Bestehen Ansprüche gegen mehrere Krankenkassen (z. B. bei Kindern der Krankenkasse der Mutter und des Vaters), wählt das Mitglied die Krankenkasse.

Das Mitglied hat die Familienversicherten mit den für die Durchführung der Familienversicherung notwendigen Angaben sowie eine Änderung dieser Angaben an die zuständige Krankenkasse zu melden. Für diese Meldung haben die Spitzenverbände der Krankenkassen ein einheitliches Verfahren und einheitliche Meldevordrucke vereinbart.

7

Kinder sind nicht versichert, wenn der mit den Kindern verwandte Ehegatte oder (gleichgeschlechtliche) Lebenspartner des Mitglieds nicht Mitglied einer Krankenkasse ist und sein Gesamteinkommen regelmäßig im Monat ein Zwölftel der Jahresarbeitsentgeltgrenze übersteigt und regelmäßig höher als das Gesamteinkommen des Mitglieds ist. Bei Renten wird der Zahlbetrag berücksichtigt.

Ein Zwölftel der Jahresarbeitsentgeltgrenze beläuft sich im Jahr 2016 auf 4.687,50 Euro. In sogenannten Bestandsfällen (§ 6 Abs. 7 SGB V) beträgt sie 2016 4.237,50 Euro. Es geht hier um Personen, die am 31.12.2002 wegen Überschreitung der an diesem

Tag geltenden Jahresarbeitsentgeltgrenze versicherungsfrei und privat krankenversichert waren. Dieser Betrag gilt – genau wie die oben erwähnte Gesamteinkommensgrenze – im gesamten Bundesgebiet.

Familienversicherte haben dem Grundsatz nach die gleichen Ansprüche wie Selbstversicherte.

Wichtig: Krankengeld und Mutterschaftsgeld können sie nicht beanspruchen.

Dauer der Familienversicherung

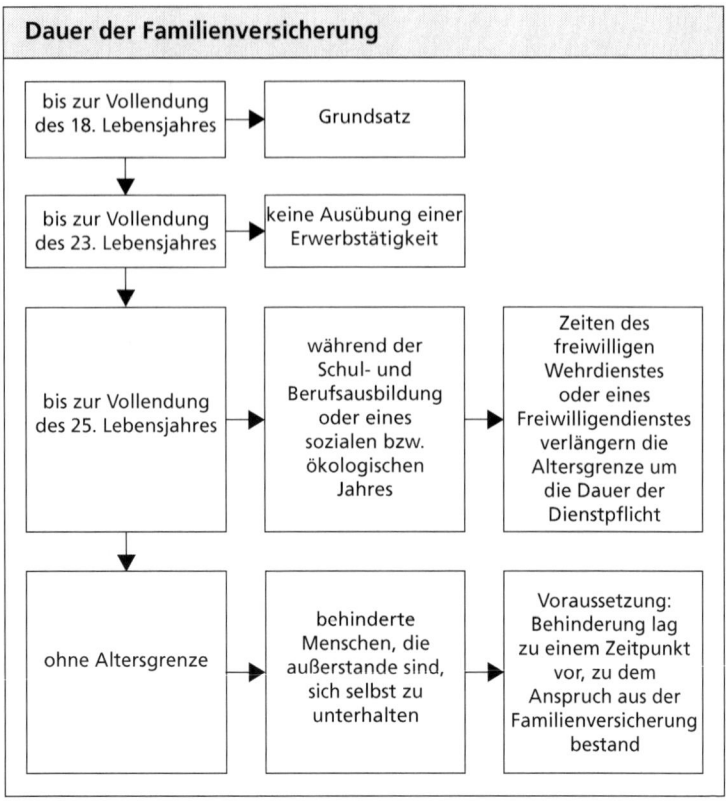

Kostenerstattung und Wahltarife

8

Kostenerstattung

Nach § 13 Abs. 2 SGB V können Versicherte anstelle der Sach- oder Dienstleistungen Kostenerstattung wählen.

Hierüber haben sie ihre Krankenkasse vor Inanspruchnahme der Leistung in Kenntnis zu setzen. Der Leistungserbringer (z. B. Arzt) hat den Versicherten vor Inanspruchnahme der Leistung darüber zu informieren, dass der Versicherte die Kosten zu tragen hat, die die Krankenkasse nicht übernimmt. Die erfolgte Beratung muss der Versicherte dem Leistungserbringer gegenüber schriftlich bestätigen. Eine Einschränkung der Wahl beispielsweise auf ärztliche Versorgung oder den stationären Bereich ist möglich.

Nicht im SGB V genannte Leistungserbringer dürfen nur nach vorheriger Zustimmung der Krankenkasse in Anspruch genommen werden. Eine Zustimmung kann erteilt werden, wenn medizinische oder soziale Gründe eine Inanspruchnahme dieser Leistungserbringer rechtfertigen und eine zumindest gleichwertige Versorgung gewährleistet ist. Die Inanspruchnahme von Leistungserbringern, die kollektiv auf ihre Zulassung verzichtet haben, ist ausgeschlossen.

Anspruch auf Erstattung besteht höchstens in Höhe der Vergütung, die die Krankenkasse bei Erbringung als Sachleistung zu tragen hätte.

Wichtig: Die Versicherten sind an ihre Wahl der Kostenerstattung mindestens ein Jahr gebunden.

8 Unter bestimmten Voraussetzungen kann eine Kostenerstattung auch bei Behandlung in einem anderen Staat des Europäischen Wirtschaftsraumes infrage kommen (§ 13 Abs. 4 bis 6 SGB V).

Konnte die Krankenkasse eine unaufschiebbare Leistung nicht rechtzeitig erbringen oder hat sie eine Leistung zu Unrecht abgelehnt und sind dadurch dem Versicherten für eine selbstbeschaffte Leistung Kosten entstanden, besteht ebenfalls ein Anspruch auf Kostenerstattung (§ 13 Abs. 3 SGB V).

In diesem Zusammenhang ist zu beachten, dass die Satzung der Krankenkasse eine Bestimmung enthalten kann, wonach die Krankenkasse den Abschluss privater Zusatzversicherungsverträge zwischen ihren Versicherten und privaten Krankenversicherungsunternehmen vermitteln kann (§ 194 Abs. 1a SGB V). Gegenstand solcher Verträge können insbesondere sein:

- die Wahlbehandlung im Krankenhaus
- der Ein- oder Zweibettzuschlag im Krankenhaus
- eine Auslandsreisekrankenversicherung

Modellvorhaben

Unter der Überschrift „Weiterentwicklung der Versorgung" beschäftigen sich die §§ 63 bis 65 SGB V mit der Möglichkeit, dass die Krankenkassen und ihre Verbände Modellvorhaben durchführen.

So können die Krankenkassen und ihre Verbände im Rahmen ihrer gesetzlichen Aufgabenstellung zur Verbesserung der Qualität und der Wirtschaftlichkeit der Versorgung Modellvorhaben zur Weiterentwicklung der Verfahrens-, Organisations-, Finanzierungs- und Vergütungsformen der Leistungserbringung durchführen oder mit Leistungserbringern vereinbaren.

Nach § 63 Abs. 2 SGB V können die Krankenkassen Modellvorhaben zu Leistungen zur Verhütung und Früherkennung von Krankheiten sowie zur Krankenbehandlung durchführen oder vereinbaren.

Bonussysteme

8

Aufgrund § 65a SGB V soll die Krankenkasse in ihrer Satzung bestimmen, unter welchen Voraussetzungen Versicherte Anspruch auf einen Bonus haben, der zusätzlich zu den abgesenkten Belastungsgrenzen (vgl. Seite 114 ff.) zu gewähren ist. Dabei handelt es sich um Versicherte, die

- regelmäßig Leistungen zur Erfassung von gesundheitlichen Risiken und Früherkennung von Krankheiten in Anspruch nehmen (vgl. Seite 34 ff.),
- Leistungen für Schutzimpfungen in Anspruch nehmen (vgl. Seite 16) oder

- regelmäßig Leistungen der Krankenkassen zur verhaltensbezogenen Prävention in Anspruch nehmen (vgl. Seite 12 ff.) oder an vergleichbaren, qualitätsgesicherten Angeboten zur Förderung eines gesundheitsbewussten Verhaltens teilnehmen.

Die Krankenkasse soll in ihrer Satzung auch vorsehen, dass bei Maßnahmen zur betrieblichen Gesundheitsförderung durch Arbeitgeber (vgl. Seite 14 f.) sowohl der Arbeitgeber als auch die teilnehmenden Versicherten einen Bonus erhalten.

Selbstbehalt – Wahltarife

Mit der Möglichkeit, in der Satzung der Krankenkasse einen Selbstbehalt vorzusehen, beschäftigt sich § 53 SGB V. Danach kann die Krankenkasse in ihrer Satzung vorsehen, dass Mitglieder jeweils für ein Kalenderjahr einen Teil der von der Krankenkasse zu tragenden Kosten erhalten. Die Krankenkasse hat für diese Mitglieder Prämienzahlungen vorzusehen. Auch Mitglieder, die an besonderen Versorgungsformen, wie zum Beispiel an strukturierten Behandlungsprogrammen bei chronischen Krankheiten teilnehmen, können aufgrund der Kassensatzung Wahltarife erhalten. Das gilt beispielsweise bei der Teilnahme an der hausarztzentrierten Versorgung (§ 73b SGB V).

Besondere Tarife gibt es für den Krankengeldanspruch selbstständig Tätiger (freiwillig Versicherte). Dabei beträgt die Mindestbindungsfrist drei Jahre.

8

Praxis-Tipp:

Die in diesem Kapitel angesprochenen Sachverhalte werden im Wesentlichen von den Satzungen der gesetzlichen Krankenkassen beeinflusst. Machen Sie daher von der Möglichkeit des § 196 SGB V Gebrauch, Einsichtnahme in die Satzung zu nehmen.

Stichwortverzeichnis

9

9

9

Stichwortverzeichnis

9

Stichwortverzeichnis

9

Stichwortverzeichnis

9

9

Stichwortverzeichnis

9